老廃物を取って顔と頭を劇的縮小

絶対小顔になる
ダナリーフェイシャル

神田花絵

Gakken

小顔の殿堂
“ダナリーボーテ”へ
ようこそ

こんにちは。「ダナリーボーテ」代表の神田花絵です。
「ダナリーボーテ」では、私のエステティシャンとしての
経験を基に築き上げた独自のメソッドで、これまでにたくさんの女性を
“本来の小顔”に導いてきました。強く押しほぐして、たまった老廃物を流すので、
最初は多少痛みがありますが、施術していくうちに、みなさん、
顔が頭ごとキュッと小さくなります。そこで今回、
みなさんに自宅で手軽に行っていただける“ダナリーフェイシャル”を、
初公開します。毎日の習慣にすれば、バランスのとれた、
美しい小顔が手に入ります。
早速始めてみましょう！

はじめに

私は、もともとむくみ体質で、よく顔がパンパンに張っていました。おまけに頭は鉢が張っていて、額は出ていて、首はタートルネックを着られないほど短くて…と、コンプレックスの塊だったんです。でも、自分を変えたい気持ちが強かったので、短大卒業後、エステティシャンの国際資格を取得。最初に勤めたのは大手エステサロンで、そこではヨーロッパなどで主流の体の表面をさっと流すリンパマッサージを行っていました。でも表面だけ流すマッサージでは、施術直後は肌の調子が整っても、またニキビができたり、肌荒れしたりと、すぐ元に戻ってしまう。それが自分で納得できず、もっと根本からお客様の肌をよくしてあげたいと思っていたんです。

そんなとき、むくみを改善しようと自分の顔や頭の深い部分を押しほぐし続けていたら、埋まっていた首の骨がすっと出てきて…。ぼっこり出ていた額や頭の鉢もスッキリしてきて、帽子もゆるくなってビックリ。頭や額の重みが取れたおかげで目もパッチリ開くようになり、鼻筋も通って、肌の調子もよくなって…と、劇的な変化が。

そこで家族や友人などにこのメソッドを行ったら、肌トラブルが根本的に改善されて、顔もみるみる小さくなったんです。そのとき、大事なのは、顔の深部から老廃物を押し流すことなんだと気づきました。5年前に「ダナリーボーテ」を開設してからも、最初はこのメソッドを裏メニューとして、希望されるお客様だけに行っていました。何しろかなり痛みがあるので誰にでも好まれるものではないかなと思って。でも、あまりにも小顔、美肌になると評判になって、タレントやモデルの方々にも来ていただくようになり、今では全メニューがこのメソッドをベースにしたものになりました。こうして生まれたのがダナリーフェイシャルです。ポイントは、深部まで押して固まった老廃物をほぐし、出口まで押し流すこと。顔だけでなく頭の老廃物をきっちり流すのも神田流です。顔や頭が大きいと悩んでいる人は多いと思いますが、それは老廃物がたまって分厚くなっているだけ。本来は、もうひと回り小さいはずです。ダナリーフェイシャルで、老廃物を流して、本来の小顔と美肌を取り戻しましょう！

プロローグ　〝今どき小顔〟をつくる　ダナリーフェイシャルとは？　11

〝魔女小顔〟〝宇宙人小顔〟はＮＧ　小顔でぷっくりツヤ肌が今どき …… 12
今どき小顔のキーワード　〝リンパ〟って何？ …… 14
余分なものを押し流し頭全体をミニマムに …… 16
イタ気持ちいいが小顔をつくる …… 17
頭まで手を入れることで真の小顔に …… 18
代謝促進→美肌も手に入る …… 19
ダナリーフェイシャルの流れ …… 20
小顔の妨げになる老廃物がたまりやすい場所はココ …… 22
すべての基本となる手の形 …… 24
準備するもの …… 26
ダナリーフェイシャル　3つのポイント …… 27

第1章　小顔・小頭をつくる　ベーシック・メソッド …… 29

【Step1】　老廃物を流す通り道をつくる …… 32
【Step2】　顔の老廃物を押し出す …… 38
【Step3】　頭にはりついた老廃物を削り取る …… 50
【Step4】　すべての老廃物を一気に流す …… 54

Contents

神田花絵の美へのこだわり …… 59

Special Lesson1　小顔のカギ、水分補給を心がけて …… 61

第2章　自分の顔を知って+α　部位別悩み解消メソッド …… 63

自分の顔をチェック!　タイプ別診断 …… 66

【Type1】　額のシワや盛り上がりを解消 …… 68

【Type2】　二重あご、しもぶくれを解消 …… 73

【Type3】　頬のむくみ、笑ったときの目尻のシワを解消 …… 76

【Type4】　肩の盛り上がり、太い首を解消 …… 80

Q&A …… 85

Special Lesson2　お風呂で全身マッサージ …… 86

第3章　老廃物を流し切る　アドバンス・メソッド …… 89

やわらかくなった老廃物を流し切る …… 92

Special Lesson3　外出先で1分!　即効マッサージ …… 108

おわりに …… 110

DVDの使い方

第1章 小顔・小頭をつくる ベーシック・メソッド

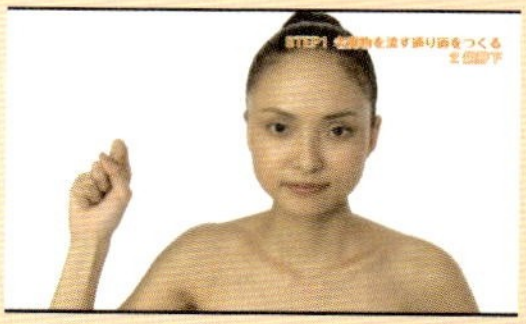

基本のメソッド。第１章をマスターした後に第２、３章を行うこと。

▼

第2章 自分の顔を知って+α 部位別解消メソッド

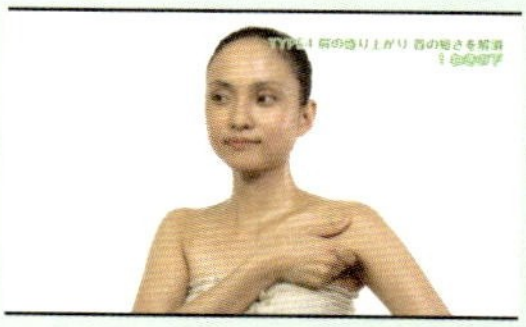

本書P.66のタイプ別診断で、自分に合うメソッドを選んで行うこと。

▼

第3章 老廃物を流し切る アドバンス・メソッド

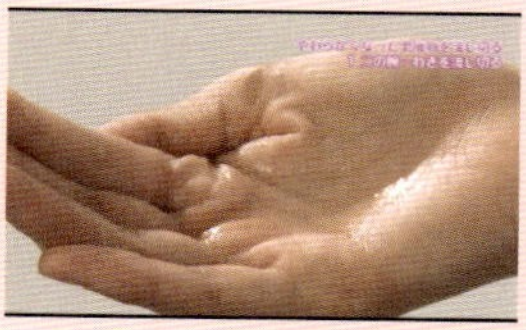

第１章のメソッドを十分行った後にチャレンジ。

DVD再生装置に入れる

▼

映像が自動的にスタート

▼

オープニング映像

▼

メニュー画面がスタート

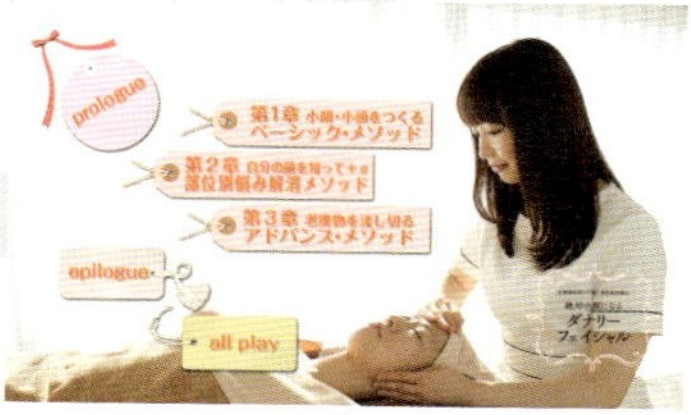

リモコンの「メニュー」ボタンを押すと、DVDのメインメニュー画面が表示されます。メインメニュー画面に切り替わったら、カーソルを自分が見たいと思う章に合わせ、「決定（または「再生」「ENTER」）」ボタンを押すことで、各章のトップ画面に飛ぶことができます。

▲

DVDの内容は本書とリンクしています

DVDは、本書のメソッド部分を映像化し、誌面では伝わりにくい細かな動きの見本としての役割を果たします。まずは本とDVDの両方でメソッドの流れをつかみ、以降は、本を参考にしながら行うことをおすすめします。

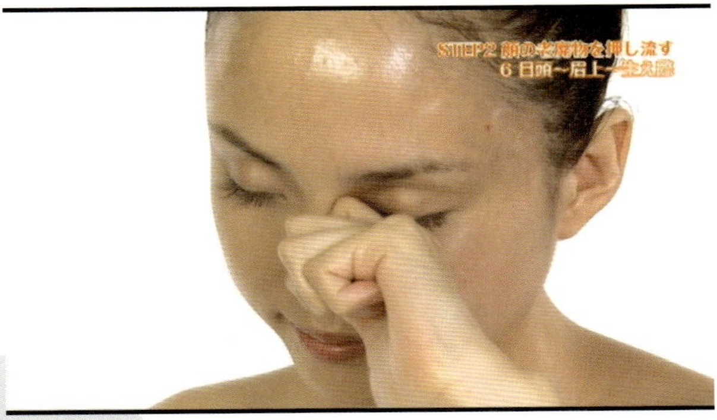

メインメニューから各章へ飛ぶと、各章のトップメニューが表示されます。通しで見たい場合は、各章の見出しにカーソルを合わせ、「決定」ボタンを押してください。第1、2章の各メソッドはさらに細かくチャプター分けされているため、特に見たいメニューへと「スキップ」ボタンで飛ぶことができます。

DVDご使用上の注意

【使用上のご注意】
このDVDには、高精細、高密度の映像が収録されており、再生されるDVDプレイヤー及びTVモニターの性能によって映像や音声にゆがみや乱れが生じる可能性があります。ご了承ください。

【再生上のご注意】
このDVDは、DVDビデオ対応プレイヤーで再生できる映像と音楽が収録されています。DVDビデオ対応プレイヤーで再生してください。ゲーム機、パソコンなどを使って再生される場合は、ごくまれに不具合が生じる場合があります。その場合はお手持ちのパソコンメーカーなどにお問い合わせください。弊社は動作保証の責任を負っておりませんのでご了承ください。

【免責事項】
弊社ならびにこのDVDに収録されている各ソフトを提供した会社は、このDVDの使用によって直接的または間接的に生じた責任について、一切の責任を負いません。DVDは必ず利用者自身の責任においてご使用ください。

本書の見方

第１～３章では、大きく「メソッド概要」と「メソッド」に分けて章内の各メソッドを解説。
基本的な表記の見方を説明します。

メソッド概要

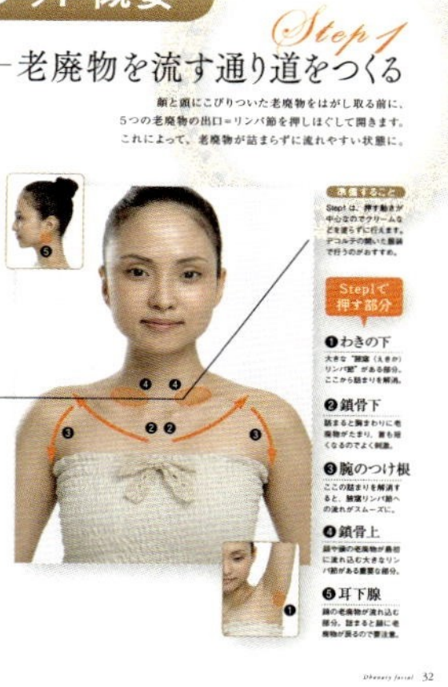

メソッドタイトル

以下で解説するメソッドが何であるかを表します。

このメソッドを行う部位

メソッドを行う部位を写真とテキストで表します。数字は行う順番です。

メソッドを行う前に準備すること

用意するものや特に心がけたい服装などを紹介します。

メソッドの順番

メソッドの順番と、さらにその中でのプロセスの順番を表します。「Step1-2」は、１番目のメソッドの２つ目のプロセスという意味になります。

メソッド

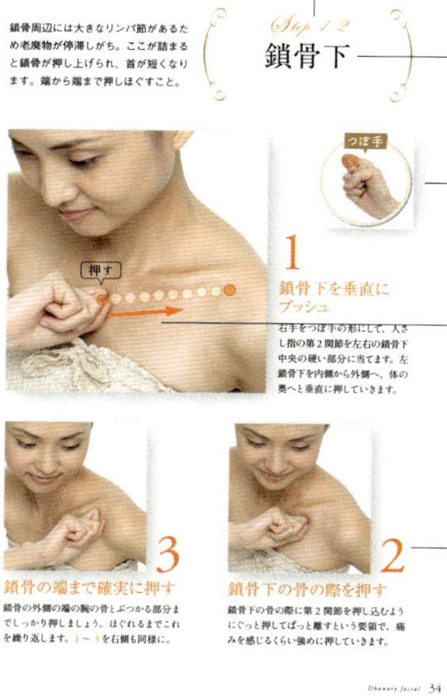

メソッドを行う部位

メソッドを施す部位を示します。

使用する手の形

基本の４つの手の形（P.26）から、そのプロセスで使用する手を表します。

プロセスの流れ

行う場所と方向を表します。「押す」プロセスの場合はスタート地点と終点を●で、間を○で表しています。

各プロセスの解説

プロセスの流れを解説します。

Prologue

“今どき小顔”をつくる ダナリーフェイシャルとは？

顔だけでなく頭全体がひと回りキュッと
小さくなり、さらに美肌にもなると
大評判のダナリーフェイシャル。
まずは、その効果の秘密を明かします！

Preparation

Philosophy 1

〝魔女小顔〟〝宇宙人小顔〟はNG
小顔でぷっくりツヤ肌が今どき

〝小顔〟メソッドというと、眉から下くらいの顔のマッサージを一生懸命に行う人が多いと思います。でも、そのせいでアンバランスな小顔になっている人が多数！

バランスのいい小顔をつくるために重要なのは、実は〝頭と額〟です。頭は顔よりもさらに老廃物がたまりやすい部分。前頭部や後頭部の筋肉は、普段あまり動かさないため血液の流れが悪く、老廃物が蓄積しています。また、側頭部の筋肉は、ものを噛むときなどに常に使われるため、乳酸などもたまりがち。頭を指で押すと、硬い骨のような部分にぶつかると思います。これは実は、骨ではなくカチカチに固まった老廃物であるケースがほとんど。私のサロンのお客様にも、老廃物がたまって実際の頭より1cmも厚くなっている人を多く見受けます。また、頭に老廃物がたまると、額にも落ちてきて重く垂れ下がり、目のまわりや頬も流れが悪くなって…という悪循環に。こんな状態で顔のマッサージをせっせと行う人が多いので、頭はぼこっと盛り上がったままフェイスラインだけシャープになり、イラストに描かれているような逆三角形の

〝宇宙人小顔〟になるのです。また、頭やこめかみや額をきっちりマッサージせず、頬やフェイスラインだけをマッサージすることで皮膚の表面をいじりすぎて、頬の皮膚がたるんでこけた〝魔女小顔〟になっている人も。こんなアンバランス小顔では美しく見えません。そこでダナリーフェイシャルで重視しているのは、頭のデトックス。顔はもちろん頭にも深い圧を加え、長年こびりついた老廃物をそぎ落としていくので、痛みはありますが、頭の余分な厚みがなくなり、キュッとひと回り小さくなります。顔と頭のリンパと血液の流れがよくなると肌にツヤとハリも出ます。その結果、すっと伸びた首にツヤ肌の小顔がちょこんと乗った〝今どき小顔〟が実現するのです。

NG!

宇宙人小顔

頭に老廃物がたまったまま顔だけマッサージすると、頭の鉢の部分が張った宇宙人小顔に。

魔女小顔

頭やこめかみや額をケアせず、頬をいじり過ぎると、頬の皮膚がこけた魔女小顔に。

Philosophy 2

今どき小顔のキーワード〝リンパ〟って何？

小顔づくりに欠かせないのがリンパのケアです。人体には、網目のように全身にリンパ管が張りめぐらされています。血管は栄養や酸素を体の隅々に送り届けているのに対し、リンパ管は体の老廃物＝毒素を回収する、いわば体の〝下水道〟。血管には、心臓というポンプの役割をするものがあるのでスムーズに押し流されますが、リンパ管にはそれがなく、まわりの筋肉の動きのみによって流れているため滞りがち。さらにリンパ管には、鎖骨下やわきの下など体の要所要所に〝リンパ節〟というフィルター的な部分があり、大きな老廃物をキャッチして全身に流れないようにせき止めています。そのためリンパ節には老廃物が詰まりやすく、詰まるとリンパ管の流れもよどみます。するとリンパ管が膨らみリンパ液が外ににじみ出ます。これによって生じるのがむくみで、顔や頭が大きくなるのもこれが原因。リンパ管が膨らむと血管が圧迫されて体の隅々まで栄養が届かなくなり、肌の新陳代謝も乱れて肌荒れの原因にも。だから小顔づくりには老廃物の詰まりを取ってリンパの流れをよくすることが不可欠なのです。

体をめぐるリンパ管

全身には網目状にリンパ管が張りめぐらされていて体の老廃物＝毒素を回収しています。リンパ管には随所にリンパ節があり、大きな老廃物はここでせき止められます。それが留まっていくとむくみや老化、肌荒れの原因に。

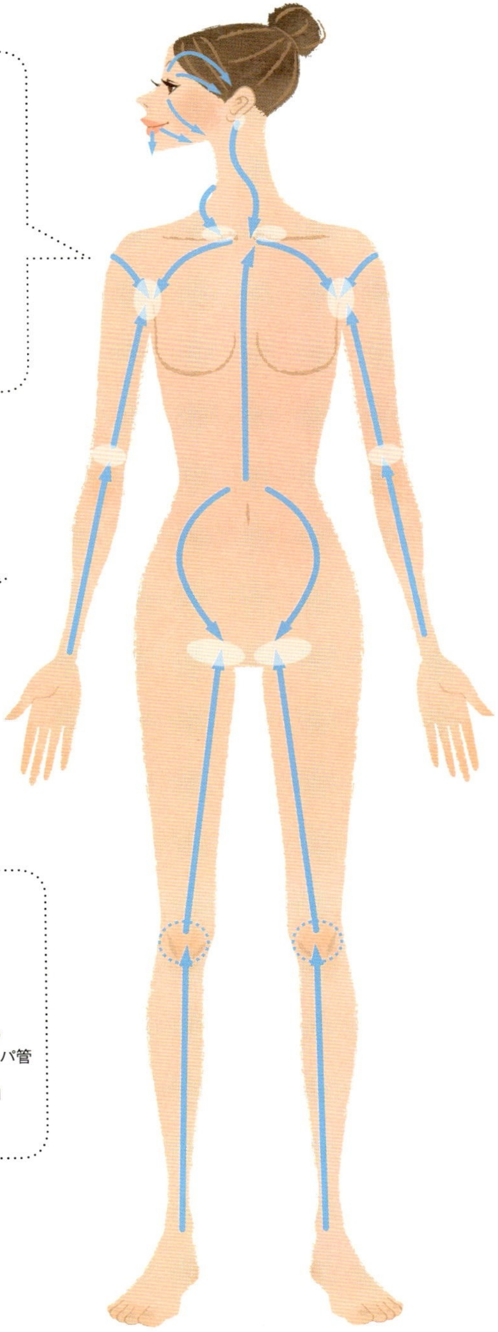

皮膚下の構造

皮膚の一番外側の厚さ0.2㎜ほどの部分を表皮、その奥の２㎜ほどの部分を真皮といいます。真皮には毛細血管や毛細リンパ管が走っています。その奥が皮下脂肪のある皮下組織でリンパ管や血管が走っています。その下に筋肉や骨が存在します。

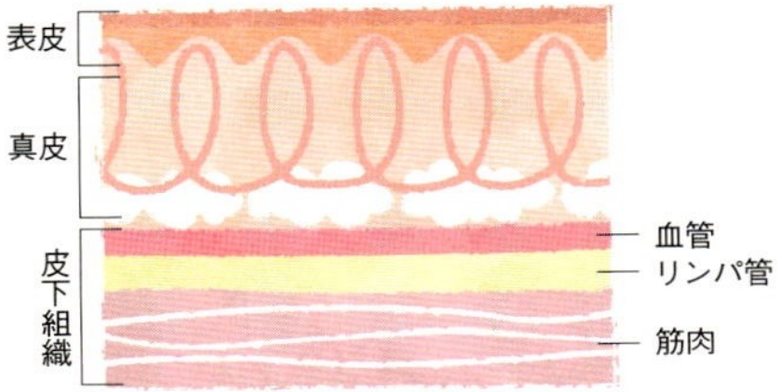

Dhanary facial
理論1

余分なものを押し流し 頭全体をミニマムに

頭に老廃物がたまると硬くなって頭蓋骨にセメントのように
張りつきカチカチの状態に。老廃物を流し、
余分な厚みを取ることが大切。

実はそれ、老廃物? 指が入らないのは、たまっている証拠

額や頭を押しても硬くて指が入らないのは、骨に当たっているからではなく、蓄積した老廃物がカチカチに固まっているせいです。ダナリーフェイシャルでは、このような額や頭にこびりついた老廃物を、強い力で取り、なるべく頭を本来の大きさに戻していきます。

体重は変わらないのに「やせた?」と言われるワケ

実際には脂肪が減ったわけではないのですが、頭や顔の老廃物の詰まりが取れると頭がひと回り縮小して首も細く長くなるので、やせて見えるようになります。頭が小さくなるので、帽子も少し緩くなるはず。

Dhanary facial
理論2

イタ気持ちいいが小顔をつくる

ダナリーフェイシャルは、強く押し流すので最初は軽い痛みを感じます。
でも、続けていくと老廃物が排出されていき、
痛みはなくなります。

どうして痛いの? ダナリーフェイシャルの秘密

通常のリンパマッサージは皮膚表面を流すのであまり痛みはありません。ダナリーフェイシャルは、深部のリンパや血液の流れがよどんだところに強く圧を加えるので痛みが生じます。それを乗り越えて行ってこそ、小顔が手に入るのです。

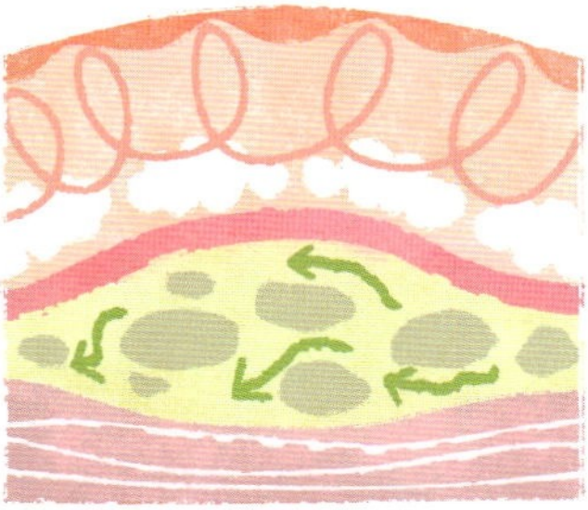

詰まった状態のリンパ節

リンパ節に老廃物が詰まると、リンパ管の流れが悪くなって組織液が外ににじみ出てパンパンに膨らみ、血管を圧迫します。

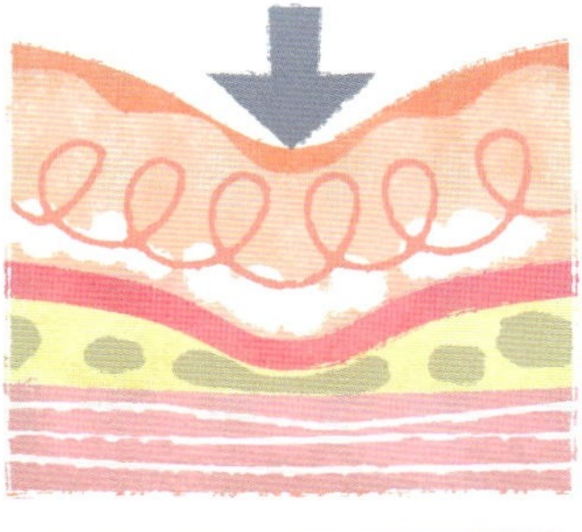

指で圧をかけると…

皮膚の奥の皮下組織まで圧を加えるので、表面のリンパだけでなく深部の固まった老廃物や血管、筋肉もほぐれます。

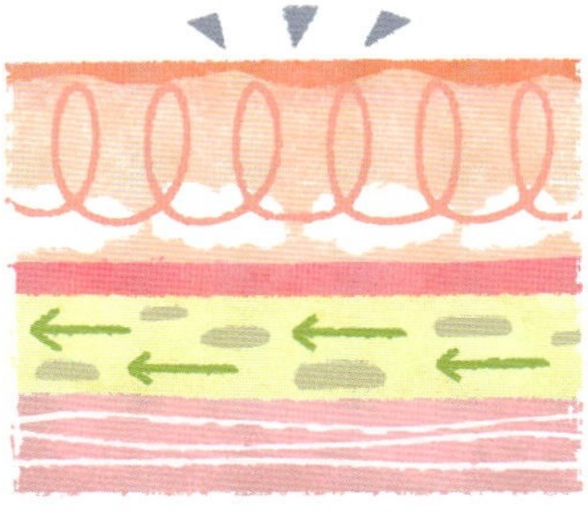

指を離すと…

次に指をぱっと離すと、その反動でほぐれた老廃物が一気に流れます。垂直に押すと皮膚を引っ張らないのでたるみの心配もなし。

Dhanary facial
理論3

頭まで手を入れることで真の小顔に

顔を小さくしようと、顔だけマッサージしていると
アンバランスな小顔に。頭からケアしなければ
美小顔は手に入らないので注意。

宇宙人小顔の例

"宇宙人小顔"になってない? 今どきは頭も小さく

頬やあごはマッサージすれば細くなりやすい部分。でも実は老廃物がたまっているのは頭。顔ばかりマッサージして頭は行わないと、フェイスラインは細くて、こめかみや額から上は膨らんだ宇宙人小顔になってしまいます。頭の老廃物も流して頭から小さくするのが今どき小顔へのカギ!

頭皮の老廃物

頭皮が活性化すると髪質にも変化が見込める

頭皮には毛穴が多く存在しますが、その毛穴から出る皮脂には尿の14 〜 15倍もの老廃物が含まれているとされます。頭をほぐすと毛穴が活性化して、皮脂と共に老廃物がどんどん排出され、血流もよくなるので、健康な髪質になっていきます。くせ毛が改善した例もあります。

Dhanary facial
理論4

代謝促進→美肌も手に入る

ダナリーフェイシャルは、小顔・小頭になるだけでなく、
美肌になるのも魅力。肌トラブルがなかなか
改善しない人にもおすすめです。

ニキビが消えた！
肌が明るくなった！
毛穴がひきしまった！

老廃物を根こそぎ取るから肌質が元から改善

頭や顔の老廃物の詰まりを取ってリンパや血液の流れがよくなると、隅々まで栄養が届き、皮膚のターンオーバーが正しくなります。そのため肌荒れやニキビなどが改善して血色もよくなり、キメの整った美肌に。

肌は動かさないから傷つかず、たるまない

通常のマッサージは、皮膚を斜めや横に引っ張ることが多いため、肌が伸びてたるむ原因に。ダナリーフェイシャルは、皮膚を引っ張らず、垂直に圧を加えるので、肌をたるませたり、傷つけたりする心配はありません。

ダナリーフェイシャルの流れ

ダナリーフェイシャルは、第１章のベーシック・メソッド、
第２章の部位別悩み解消メソッド、
第３章のアドバンス・メソッドに分かれています。
第１章から始めて、２章、３章へと進みましょう。

1 まずは“基本の4ステップ”で今どき小顔・小頭に

第1章は、基本メソッドです。まずは、このメソッドを毎日続けることから始めましょう。最初に老廃物の出口となるリンパ節をよく押しほぐして通り道を開けておき、顔と頭の老廃物を後頭部へ集めて、首から出口へ一気に流し込むという4ステップで行います。続ければ小顔が実現！

第１章 ▶ P.29

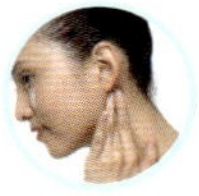

Step 1 老廃物を流す通り道をつくる

Step 2 顔の老廃物を押し出す

Step 3 頭にはりついた老廃物を削り取る

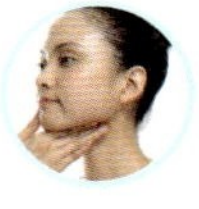

Step 4 すべての老廃物を一気に流す

2 自分の悩みに応じて基本の4ステップに+α

額の盛り上がりや、二重あご、頬のむくみ、首の太さなど、気になる悩みを解消する部位別マッサージです。自分の悩みに合せて選んで、第1章のベーシック・メソッドにプラスして行うことで、さらに美しいフォルムの小顔になります。

第2章 ▶ P.63

3 基本の4ステップでやわらかくなった老廃物を流し切る

ベーシック・メソッドや部位別悩み解消メソッドを続けて、押しても痛い部分がなくなってきたら、老廃物がやわらかくほぐれたサイン。アドバンス・メソッドを実践しましょう。流し残した老廃物を根こそぎ流し切ることで、究極の小顔が完成します。

第3章 ▶ P.89

小顔の妨げになる老廃物が たまりやすい場所はココ

小顔・小頭をつくるために、しっかりと老廃物を流しておきたいリンパの要となるパーツをご紹介。ダナリーフェイシャルでは、この部分の老廃物を徹底的に流して、小顔・小頭をつくっていきます。

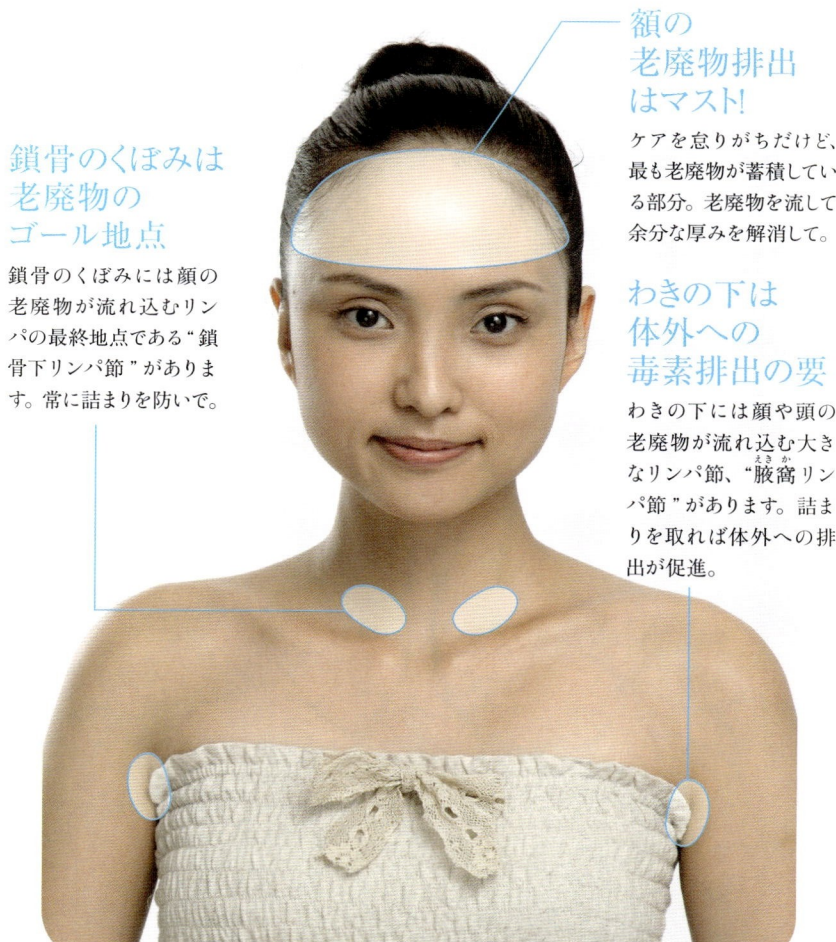

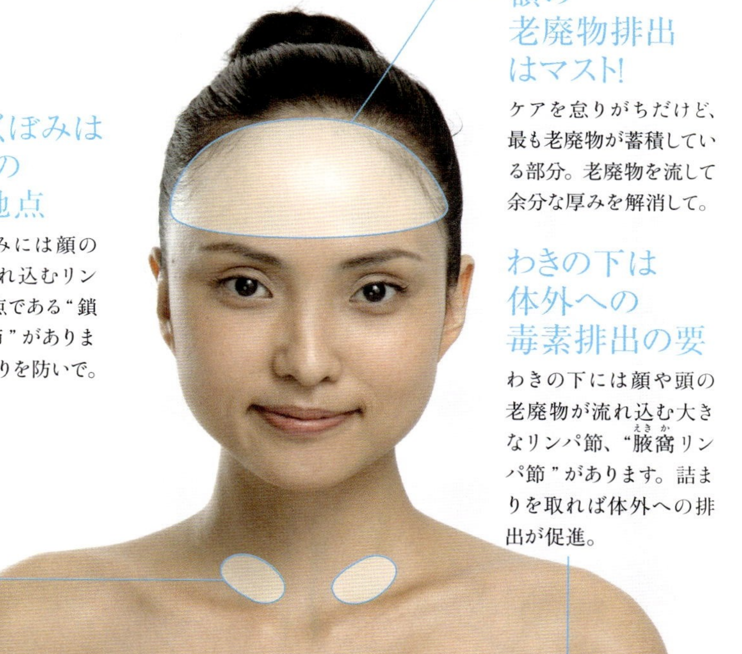

額の老廃物排出はマスト!

ケアを怠りがちだけど、最も老廃物が蓄積している部分。老廃物を流して余分な厚みを解消して。

鎖骨のくぼみは老廃物のゴール地点

鎖骨のくぼみには顔の老廃物が流れ込むリンパの最終地点である“鎖骨下リンパ節”があります。常に詰まりを防いで。

わきの下は体外への毒素排出の要

わきの下には顔や頭の老廃物が流れ込む大きなリンパ節、“腋窩《えきか》リンパ節”があります。詰まりを取れば体外への排出が促進。

老廃物で厚みが出やすい頭部

老廃物が蓄積してひと回り厚みが出ている人多数。ここを流さないと小顔はかないません。

顔や頭の老廃物が流れ込む耳の下

耳の下には顔や頭の老廃物の出口となる“耳下腺リンパ節”があります。ここが詰まると老廃物が排出されず逆戻り。

あごのラインを細くするカギ

あごの下には顔の老廃物が流れ込む“顎《がく》下《か》リンパ節”があります。詰まりを取るとフェイスラインがシャープに。

顔の老廃物の通り道

首（頸部）全体に通っているリンパ管。顔の老廃物はすべてここを通って排出地点へと向かい体をめぐります。

すべての基本となる手の形

ダナリーフェイシャルで使う基本の手の形はこの４つ。
圧を加えるパーツや、深部に圧を加えたり、
老廃物を押し流したりといった目的に合わせて、
手の形を変え、確実に流していきます。

平手

指をピンと伸ばしてくっつけた形。肌に当てる部分によって用途を使い分けます。

中指と薬指を肌に当てる場合。耳下腺などデリケートな部分を押す際に。

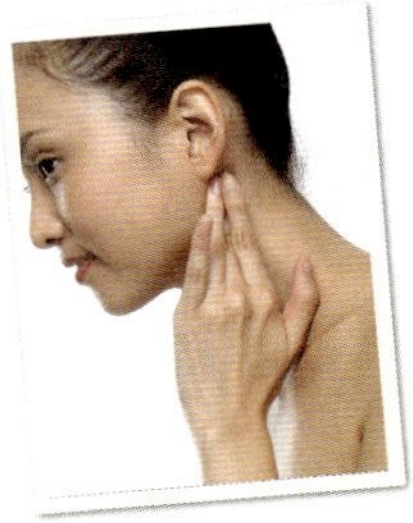

人さし指の親指側の側面を肌に当てる場合。主に流すメソッドの際に使用。

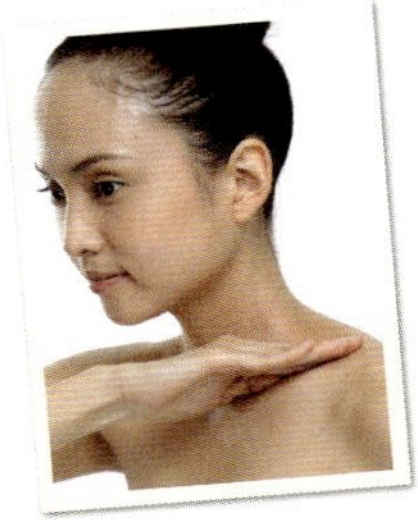

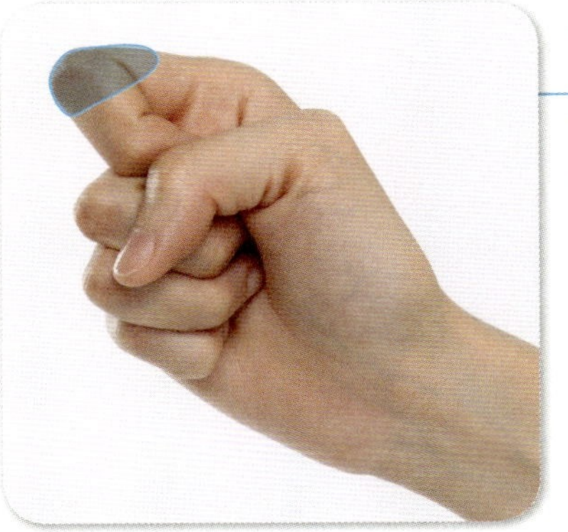

つぼ手

手をグーにして、人さし指を突き出し、第２関節で圧をかけます。老廃物を押しほぐすときに。

NG!

グーの手

グーの手にして親指以外の指の第2関節で押し流します。額など硬くなった部分を流すときに。

NG!

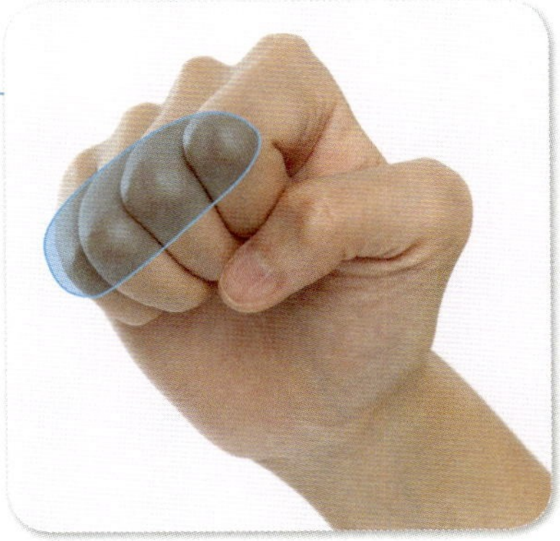

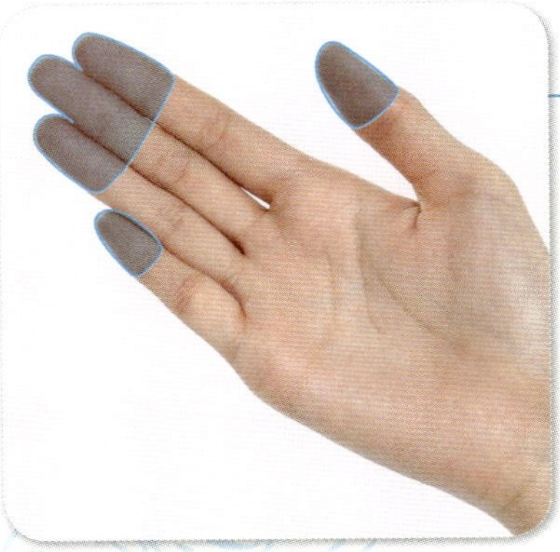

指の腹

皮膚を傷つけないよう指先でなく指の腹を当てて押しほぐします。頭をほぐすときなどに。

準備するもの

ダナリーフェイシャルの基本メソッドは、
老廃物を押し流すときのみ、化粧水やクリームなどを
塗って行います。家にある手持ちのもので
できるのでお金はかかりません。

準備するものは手持ちのものでOKですが、第3章では
良質のマッサージオイルやクリームを使用して行うのが理想的。

化粧水
手持ちの市販の化粧水を用意。クリームと混ぜるのでどんなものでもOK。

クリーム
市販のクリームを化粧水と混ぜて使います。どんなものでも構いません。

オイル
第3章で使用。ピュアな良質のものを選びましょう。クリームでも可。

各章で使用するアイテム

第1章 で使用するもの

老廃物をリンパ節へと押し流すときのみ、化粧水とクリームを混ぜて塗ってから行います。

化粧水 ＋ クリーム

第2章 で使用するもの

皮膚の上を手で押し流すとき、化粧水とクリームを混ぜて塗ってから行います。

化粧水 ＋ クリーム

第3章 で使用するもの

流しもれた老廃物を根こそぎはぎ取るため、よりすべりのよいオイルやクリームを塗って流します。

オイル or クリーム

ダナリーフェイシャル 3つのポイント

メソッドを行うときは、以下の３つのポイントを守って行いましょう。
このポイントに気をつけて行うことが、確実に結果を出す秘訣です。
特に水分補給は重要なので、必ず実践を。

Point 1 1日1度は鏡を見て行うこと

ダナリーフェイシャルは、毎日のスキンケアの際など、やりやすいときに行えばOK。ただ、1日１回は必ず鏡を見ながら行いましょう。マッサージの効果がわかりやすく、老廃物が詰まって膨らんでいる部分など強化してケアするべきパーツも一目瞭然です。

Point 2 “皮膚に対して垂直”を意識

「つぼ手」や「平手」で押したり、「平手」で流したりする動作は、必ず皮膚に対して垂直に行うよう心がけてください。手に角度をつけて行ってしまうと、どうしても皮膚が引っ張られ、シワやたるみの原因となってしまいます。また、爪で引っかかないように注意。

Point 3 メソッドを行う前と行った後に必ず水分補給を

マッサージで流した老廃物はリンパ節から静脈に流れ、最後に腎臓にいって尿として排出されます。でも水分が不足するとせっかく流した老廃物が排出されません。メソッドを行う前と後に必ずコップ1杯は水を飲むように心がけてください。

ダナリーフェイシャルで小顔がつくれる秘密、
ご理解いただけましたか？
このメソッドを続けて、リンパや血液の流れが
よくなると、肩や首のこりや頭痛が改善したり、
免疫力がアップしてカゼを引きにくくなったり
といった健康効果も期待できます。体の内側から
イキイキと輝くヘルシー美人を目指しましょう！

Chapter 1

小顔・小頭をつくる
ベーシック・メソッド

まずは、ダナリーフェイシャルの基本となる
ベーシック・メソッドから始めましょう。
顔や頭に蓄積した老廃物が根こそぎ排出され、
理想的な小顔・小頭が手に入ります。

Basic

About Method

老廃物を深部から押し出し、流す。４つのステップで小顔・小頭に。

ダナリーフェイシャルでは、老廃物を確実に排出させるため、最初のステップで、老廃物が排出される出口となる〝リンパ節〟の詰まりを取るのが特徴です。リンパ節は、全身の大きなゴミをキャッチするフィルターの役目を持つ部分なので、どうしても目詰まりを起こしがち。でも出口が詰まっていたら、首をぎゅっと締められているようなもの。どんなに顔や頭のマッサージをしても老廃物が出口から排出されず、小顔にはなれません。そこで最初に、出口を深部までほぐして詰まりを取り除いておきます。ステップ２では、顔の老廃物を中心から頭へと押し流し、ステップ３では、頭に蓄積した老廃物と、頭まで流した顔の老廃物を一緒に後頭部へと押し流します。そしてステップ４で、頭に集められた老廃物を首から出口へ一気に流し込みます。出口はすでに開けてあるので、老廃物がリンパ節へとスムーズに流れ、体外へ排出されます。その結果、顔も頭もひと回り小さくなるのです。流れがよくなると、首から上へ栄養が十分に届くので美肌効果や肩こり改善効果も。

小顔・小頭をつくる基本の4Step

ダナリーフェイシャルは、4つのステップで行います。毎日のスキンケアの際に行ってもいいし、仕事の合間などにメイクの上から行ってもOK。
毎日の習慣にするのが理想的です。

Step.1
老廃物を流す通り道をつくる

Step.2
顔の老廃物を押し出す

Step.3
頭にはりついた老廃物を削り取る

Step.4
すべての老廃物を一気に流す

Step 1
老廃物を流す通り道をつくる

顔と頭にこびりついた老廃物をはがし取る前に、
5つの老廃物の出口=リンパ節を押しほぐして開きます。
これによって、老廃物が詰まらずに流れやすい状態に。

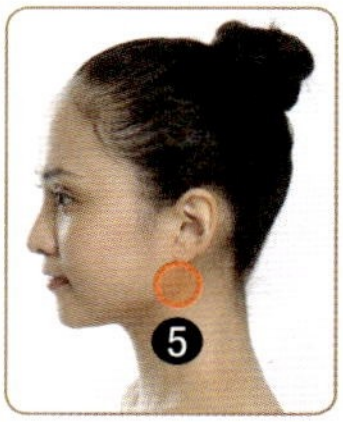

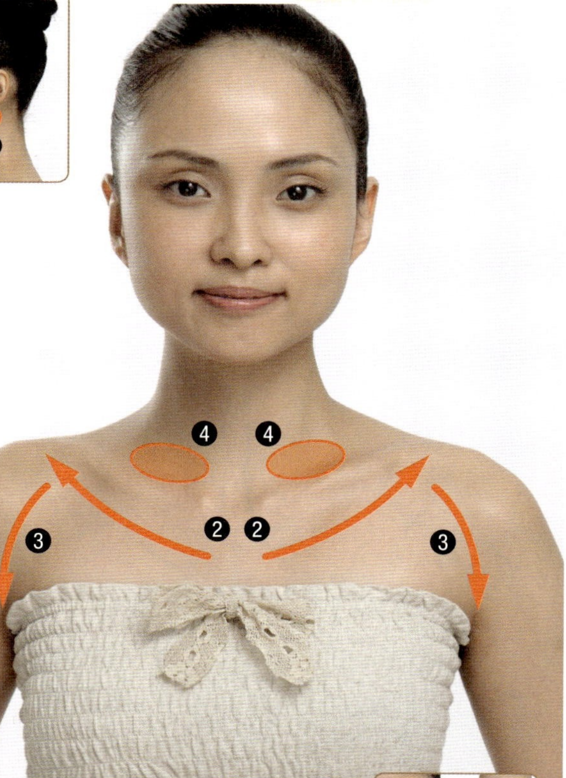

準備すること

Step1は、押す動きが中心なのでクリームなどを塗らずに行えます。デコルテの開いた服装で行うのがおすすめ。

Step1で押す部分

❶わきの下

大きな"腋窩（えきか）リンパ節"がある部分。ここから詰まりを解消。

❷鎖骨下

詰まると胸まわりに老廃物がたまり、首も短くなるのでよく刺激。

❸腕のつけ根

ここの詰まりを解消すると、腋窩リンパ節への流れがスムーズに。

❹鎖骨上

顔や頭の老廃物が最初に流れ込む大きなリンパ節がある重要な部分。

❺耳下腺

顔の老廃物が流れ込む部分。詰まると顔に老廃物が戻るので要注意。

Step1-1

わきの下

わきの下には顔や頭部の老廃物が流れ込む大きな出口、腋窩《えきか》リンパ節があります。詰まると老廃物が取れず肩こりの原因にもなるのでしっかり刺激を。

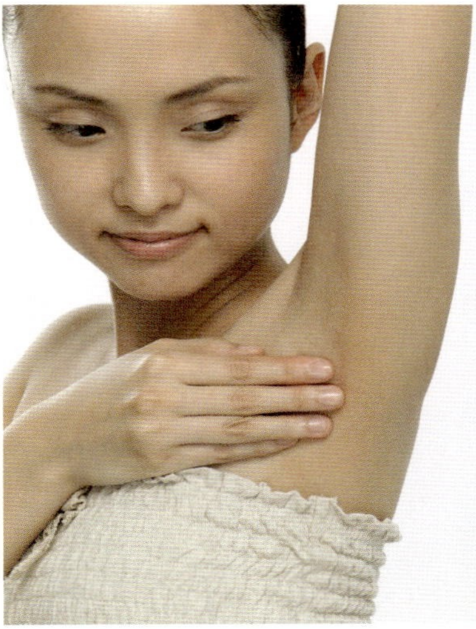

1

わきの下の硬い部分に指先を当てる

右手を平手の形にします。中指と薬指を中心に左わきの下の、中央より胸の側のゴリゴリと硬くなっている部分に指先を当てます。

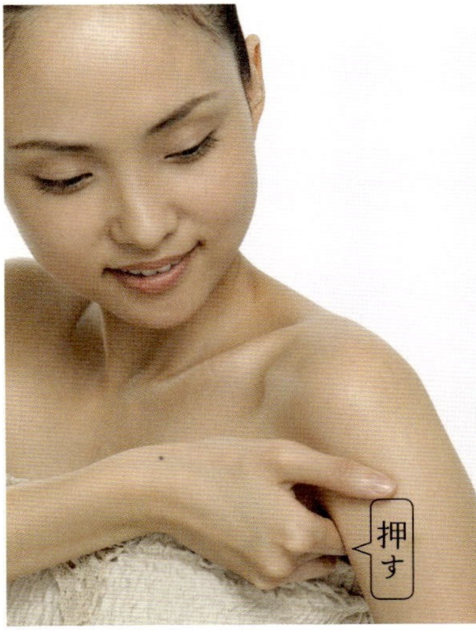

2

左腕を下ろし、指先でぐーっと押す

左腕を下ろし、指先でぐーっと持ち上げるように垂直に3秒間押し、ぱっと離します。痛みがなくなるまで繰り返して。1～2を右側も同様に。

鎖骨周辺には大きなリンパ節があるため老廃物が停滞しがち。ここが詰まると鎖骨が押し上げられ、首が短くなります。端から端まで押しほぐすこと。

Step.1-2
鎖骨下

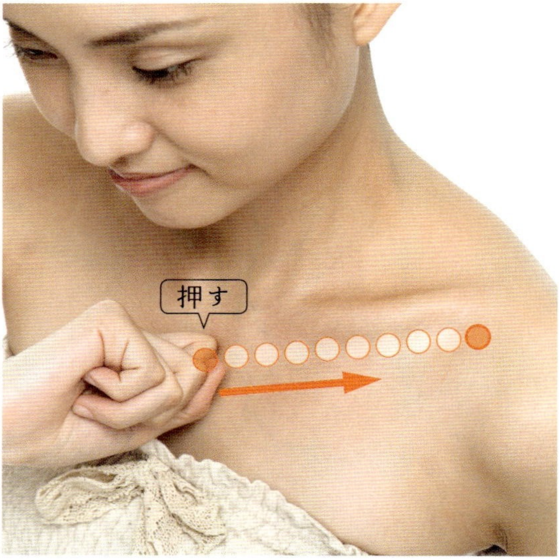

1
鎖骨下を垂直にプッシュ

右手をつぼ手の形にして、人さし指の第２関節を左右の鎖骨下中央の硬い部分に当てます。左鎖骨下を内側から外側へ、体の奥へと垂直に押していきます。

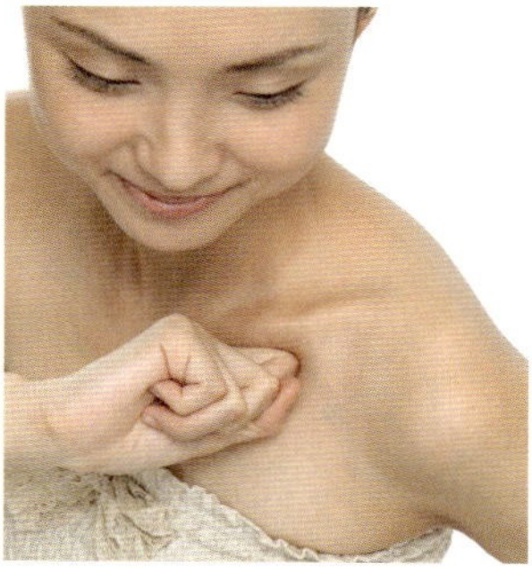

2
鎖骨下の骨の際を押す

鎖骨下の骨の際に第２関節を押し込むようにぐっと押してぱっと離すという要領で、痛みを感じるくらい強めに押していきます。

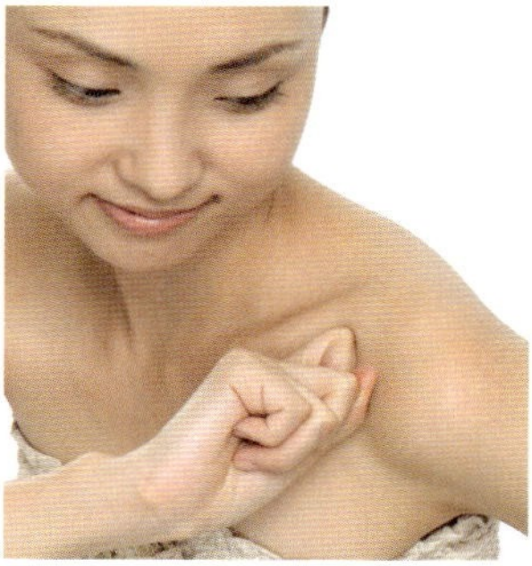

3
鎖骨の端まで確実に押す

鎖骨の外側の端の腕の骨とぶつかる部分までしっかり押しましょう。ほぐれるまでこれを繰り返します。１～３を右側も同様に。

腕のつけ根の詰まりを取ると、わき下のリンパ節への通り道が開き、老廃物の排出が促進。腕の骨が際立ち、華奢で女性らしい印象のボディになります。

Step 1-3

腕のつけ根

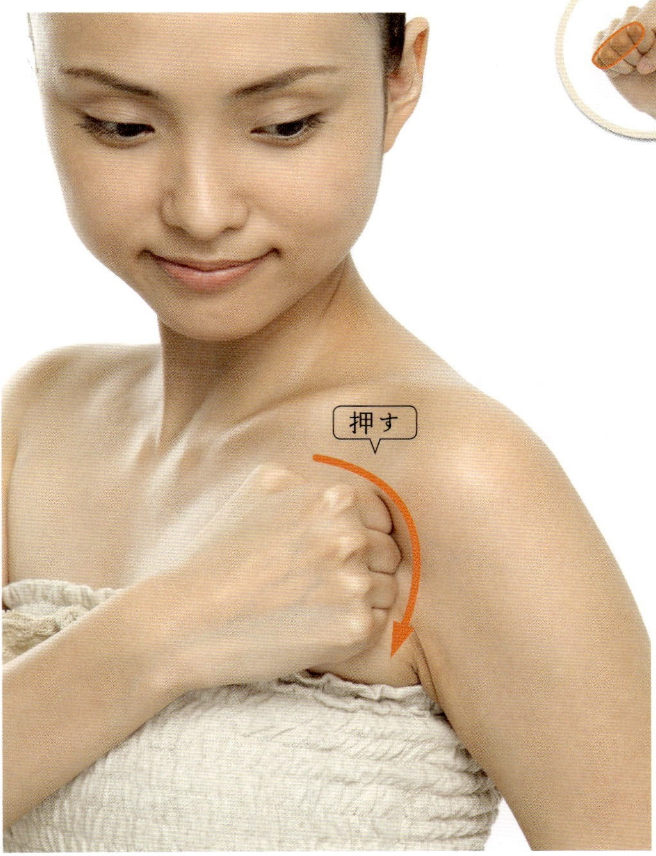

腕のつけ根からわきへ押し流す

右手をグーの手にし、鎖骨の端の腕のつけ根に当てます。指の第2関節を体の奥へと垂直に強めに押し当て、ぱっと離します。同じ要領でわき横へと位置を変えながら行います。右側も同様に。

鎖骨上は、静脈へと続くリンパの最終出口である鎖骨下リンパ節があります。詰まっていると首から上の老廃物が排出されず停滞するので念入りにプッシュ。

Step 1-4

鎖骨上

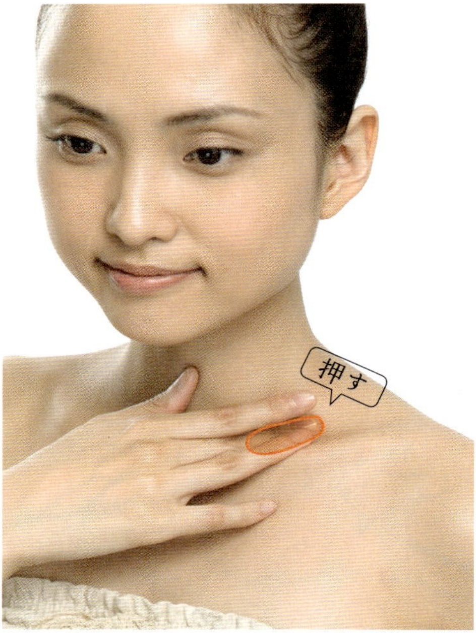

1

鎖骨上のくぼみをぐーっと押す

右手を平手の形にして、鎖骨上のくぼみに当て、中指を中心に、薬指も補助的に使いながらぐーっと３秒間垂直に強めに押し、ぱっと離します。

2

ビリビリと痛む部分を押す

ビリビリと痛みを感じる部分をたどって指を移動させながら、鎖骨上をまんべんなく、痛みが和らぐまで行いましょう。1～2を右側も同様に。

Step 1-5

耳下腺

耳の下にある大きなリンパ節が耳下腺。顔のマッサージをしてもここが詰まっていたら老廃物が顔に逆戻り。よくほぐして出口を開いておきましょう。

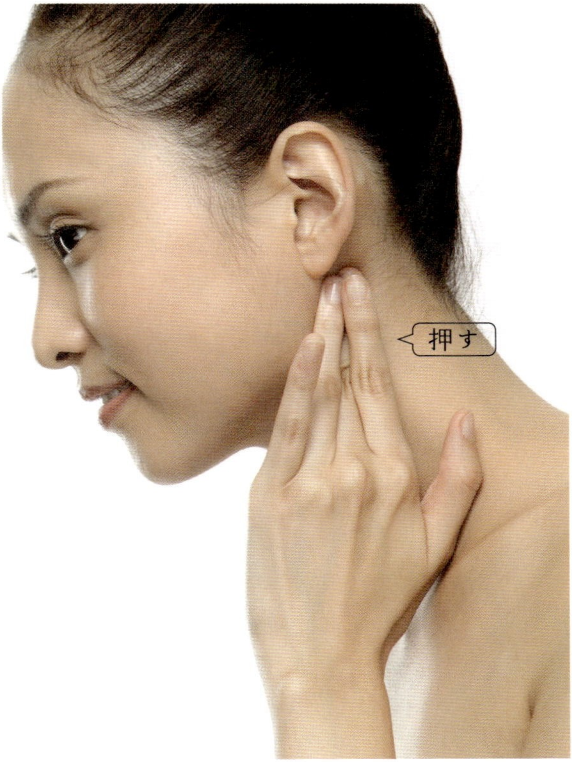

耳の下を体の奥へ垂直に押す

左手を平手にして、中指と薬指の腹を耳の下のあごの骨の際に当て、体の奥に向かって垂直に強めにぐーっと3秒間押し、ぱっと離します。ほぐれるまで繰り返して。右側も同様に。

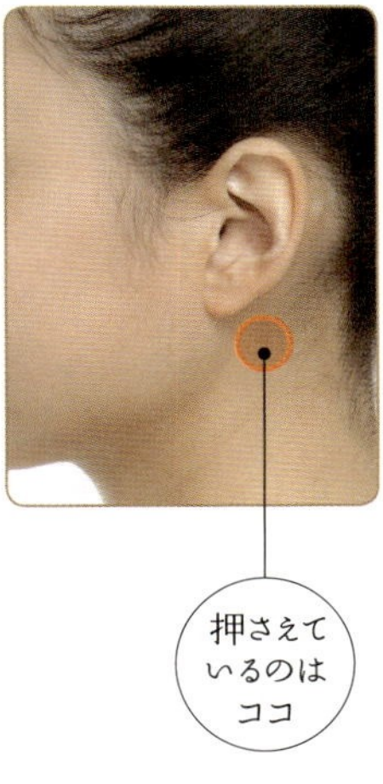

Step2

顔の老廃物を押し出す

老廃物の出口を開けたところで、次は顔の老廃物をデトックス。
顔の中心から端へと押し流すのが基本です。
老廃物が排出されれば顔が引き締まって目鼻立ちもクッキリし、
肌のハリもアップ！

準備すること

基本的に押して圧をかける手技が中心なので何も塗らずに行えます。❼の額は押し流す動きをするので、化粧水とクリームを混ぜて塗って行いましょう。

Step2で押す部分

❶あご〜耳下腺

あごの老廃物の詰まりを取るとフェイスラインが引き締まり小顔に。

❷口角〜耳のつけ根

口角の横のリンパ節の流れをよくすれば、口角がキュッとアップ。

❸鼻筋〜小鼻

鼻がむくむと鼻が低く見えます。詰まりを取って鼻筋を通して。

❹ほうれい線

小鼻横から耳のつけ根へ押し流すことでほうれい線が薄く。

❺頬の上〜生え際

老廃物がたまるとたるみを招きます。老廃物を流せば頬にハリが。

❻目頭〜眉上〜生え際

目のまわりの老廃物を取り除けば、血流がよくなり大きな目に。

❼額

額の老廃物は顔がたるむ原因。老廃物を流し形を整えて。

❽側頭部

側頭部の老廃物も、顔のたるみに直結。しっかり押し流して。

❾耳のつけ根〜耳の後ろ

耳の際に集められた老廃物を後頭部へ流します。

Step.2-1

あご〜耳下腺

あごの下にあるリンパ節の詰まりを解消するメソッド。詰まりが取れるとフェイスラインの骨が際立ち、シャープな小顔に。二重あごもスッキリ。

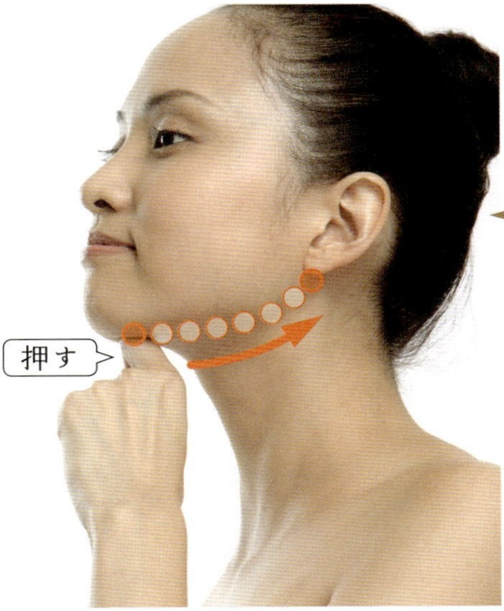

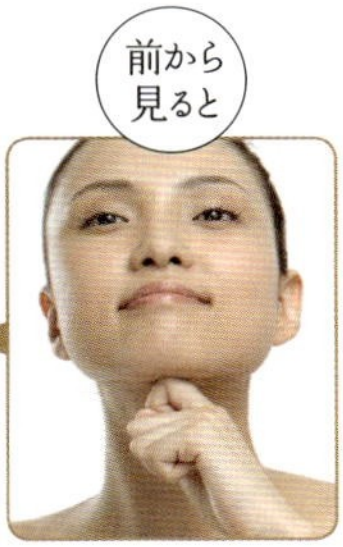

1 つぼ手であごの中央を押し、ぱっと離す

左手をつぼ手にし、人さし指の第2関節をあごの中央に当て、垂直に強めに押し、ぱっと離します。耳の下へと同様に行っていきます。

2 あご下周辺は念入りに

あご下あたりは噛むときなどに筋肉が頻繁に使われる部分で、疲労物質がたまりやすく痛みがあるはず。念入りに行って。

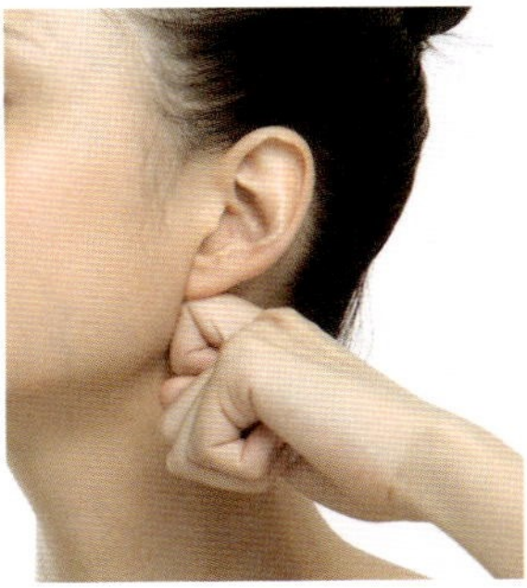

3 耳の下まできっちり押す

耳下腺リンパ節のある耳の下は、老廃物がたまりやすく痛みやすい部分。痛くなくなるまで行いましょう。1〜3を右側も同様に。

Step 2-2

口角～耳のつけ根

口角の横にはリンパ節があり、老廃物が蓄積すると口角が下がりシワができ、“マリオネットライン”の元にも。耳のつけ根までしっかり押して。

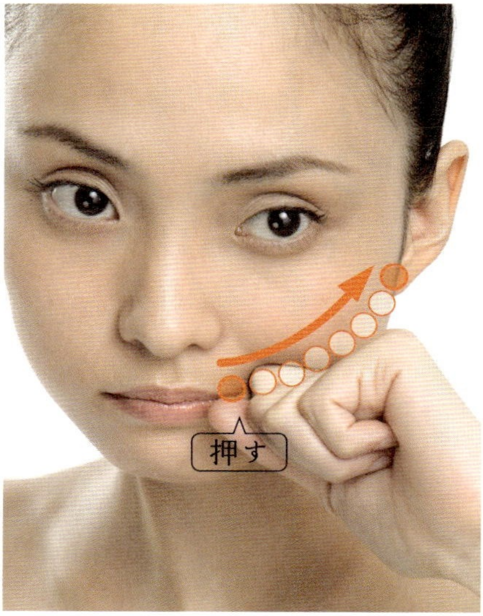

1

つぼ手を口角に押し当てる

左手をつぼ手の形にして、人さし指の第2関節を左の口角に当て、垂直に押し当ててぱっと離します。強めの力で押しましょう。

引っ張ってはダメ!

押すときに皮膚を横に引っ張ると、コラーゲン繊維が切れてたるみの原因に。必ず垂直に押すこと。

2

耳のつけ根へと押していく

口角から耳の前へと小刻みに位置をずらしながら、第2関節を体に垂直に強めに押し当てる、ぱっと離すを繰り返していきます。

3

耳のつけ根はしっかり

耳のつけ根までしっかり押します。リンパ節があり老廃物が詰まりやすいので痛みがなくなるまで行って。1～3を右側も同様に。

鼻に老廃物がたまると、鼻が低く、目も小さく見えるから注意。また、小鼻まわりがむくむとだんご鼻に。よく押しほぐし、鼻筋の通った美鼻に整えて。

Step2-3

鼻筋～小鼻

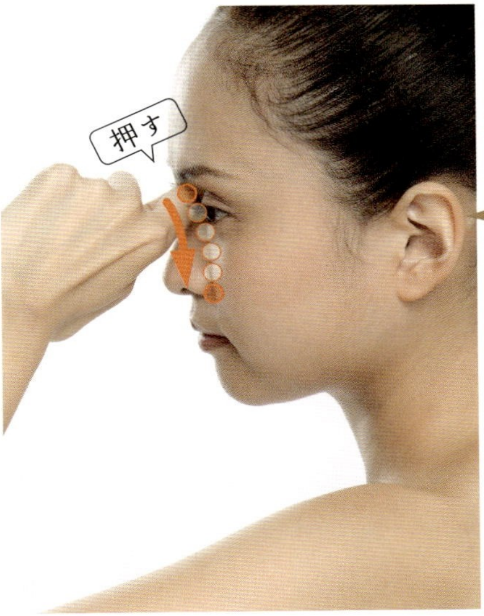

1 眉頭の下を垂直に押す

左手をつぼ手にし、人さし指の第2関節を眉頭の下の皮膚に垂直にぐっと押し当て、ぱっと離します。小鼻まで位置を変えながら同様に。

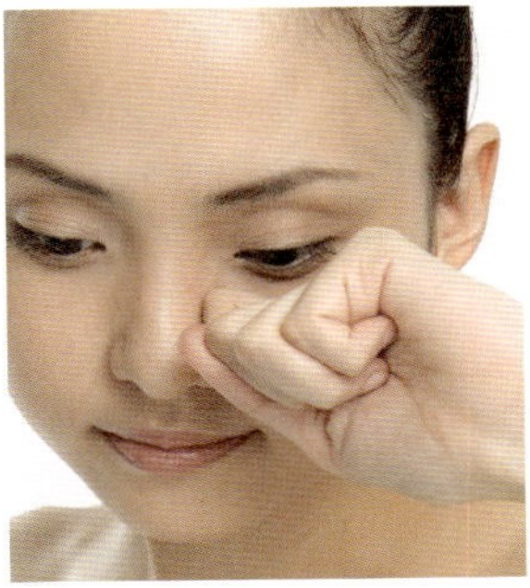

2 鼻筋も念入りに押す

鼻の骨の際を、同じ要領で、人さし指の第2関節を皮膚に垂直にぐっと強めに押し当てて、ぱっと離し押しほぐしていきます。

3 小鼻は押しつぶす

小鼻はつぶすように垂直に押し、ぱっと離します。老廃物がたまり痛みを感じやすいので念入りに。1～3を右側も同様に行いましょう。

顔を一気に老けさせるのが小鼻脇のほうれい線。小鼻の横～頬骨下～耳のつけ根へと押しほぐすと老廃物の詰まりが取れ、ほうれい線が薄くなります。

Step 2-4

ほうれい線

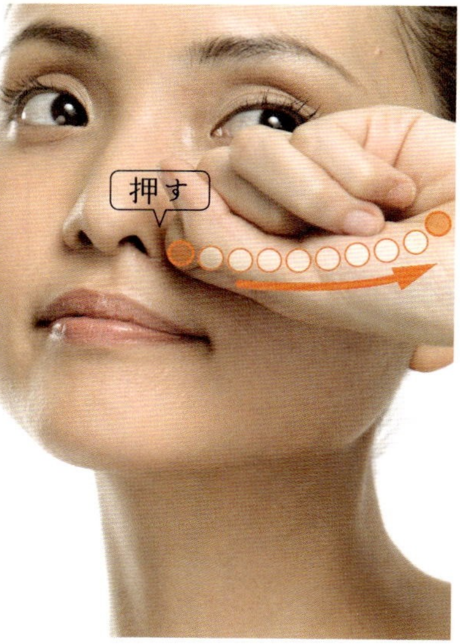

1

小鼻脇に押し当てる

左手をつぼ手にして、人さし指の第２関節を小鼻脇のほうれい線のスタート地点に垂直に強めに押し当て、ぱっと離します。

NG!

引っ張らず垂直に

頬骨のあたりは皮膚が薄いので、横や上下に引っ張ると余計にシワになります。指を寝かせず垂直に押すこと。

2

頬骨の下に沿って押す

頬骨の下のラインを、位置を変えながら、人さし指の第２関節で少し持ち上げるように押し、ぱっと離すを繰り返していきます。

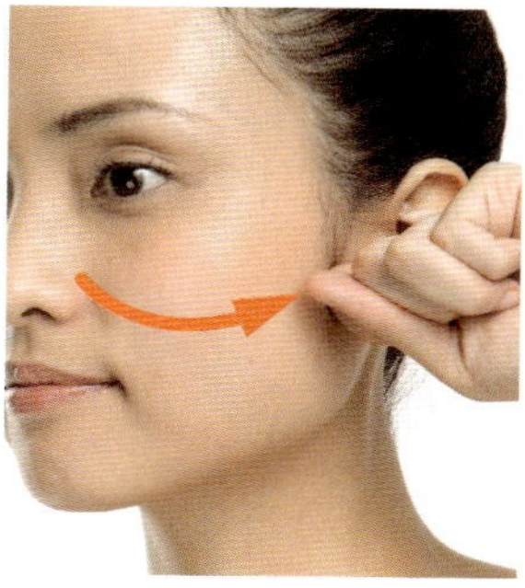

3

耳のつけ根までしっかり

耳のつけ根は痛みを感じやすい部分なので念入りに。1～3を痛みを感じなくなるまで行いましょう。右側も同様に行って。

Step2-5

頬の上～生え際

頬に老廃物がたまると、本来の位置より前に張り出し、その重みで頬がたるんでしまいます。老廃物の詰まりを取ればバランスのよいハリ感が蘇ります。

1 小鼻の少し上を垂直に押す

左手をつぼ手にしたまま、左の小鼻の少し上あたりに人さし指の第2関節をぐっと垂直に強めに押し当てて、ぱっと離します。

2 頬骨の上を押していく

頬骨の最も高いラインを、顔の内側から外側に向かって、小刻みに位置を変えながら同じ要領で押しほぐしていきます。

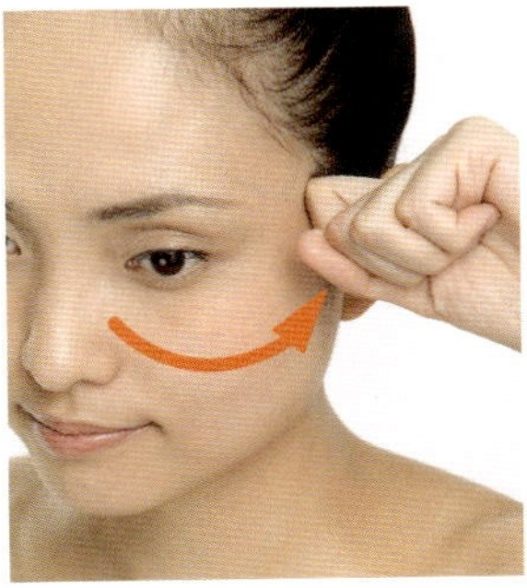

3 生え際まで押しほぐす

同じ要領で、目尻の横～生え際へと押しほぐしていきます。1～3を痛みを感じなくなるまで行いましょう。右側も同様に。

目のまわりの筋肉は毎日酷使され、疲労物質などの老廃物がたまりがちです。老廃物を取り除けば、目の血流がよくなり、目力もアップ！

Step2-6

目頭～眉上～生え際

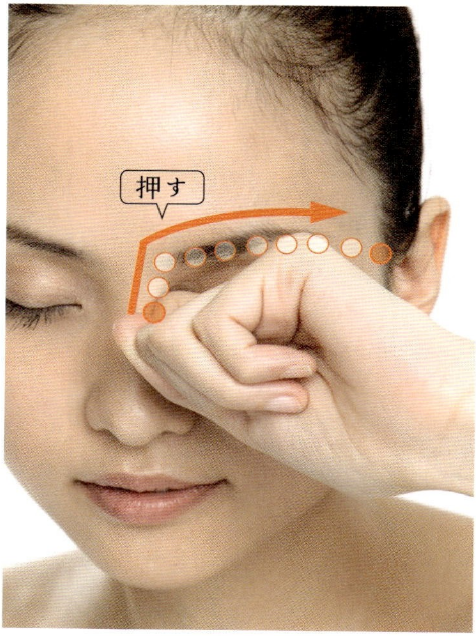

1

目頭のあたりをつぼ手で押す

左手をつぼ手の形にしたまま、人さし指の第２関節を、目頭のあたりに垂直にぐっと強めに押し当てて、ぱっと離します。

2

眉のつけ根はしっかり押す

次に眉のつけ根に垂直にぐっと強めに押し当て、ぱっと離します。眉のつけ根の骨のＬ字の角は老廃物がたまりがち。よく押すと目のむくみも改善。

3
眉頭から眉尻へ押していく

眉のつけ根でL字に曲がります。眉毛の上を眉頭から眉尻に向かって、小刻みに位置を移動しながら同じ要領で押しほぐして行きます。

NG!

押し上げてはダメ

眉を押し上げるようにすると効果はありません。眉の上を体の奥に向かって垂直に押すこと。

4
眉尻までしっかり押す

同じ要領で、眉毛の上に沿って眉尻まできっちりと垂直にぐっと押しほぐしていきます。痛みを感じるくらい強めの力で行うのがポイントです。

NG!

横に引っ張らないで

眉尻を押すときは皮膚を横に引っ張りがち。皮膚を傷める原因になるので必ず体に垂直に押して。

5
生え際まで押しほぐす

同様に生え際まで押しほぐします。老廃物が逆戻りしないよう髪の生え際までしっかり押すこと。1～5をほぐれるまで行います。右側も同様に。

Step 2-7
額

額に老廃物がたまっていない人はいないといっても過言ではありません。その重みで額や目がたるんでいる場合も。余分なものを流して形のいい額に。

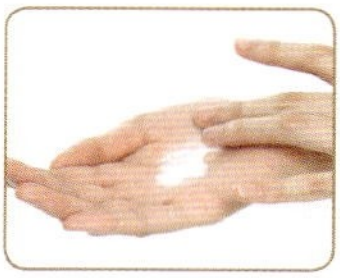

1 化粧水とクリームを混ぜて塗る

額はグーの手で押し流すので、すべりをよくするため化粧水とクリームを適量混ぜ合わせて、額にまんべんなく塗ってから行います。

NG!

手が逆!
グーの手を逆にして行うと力が入らず老廃物が流れません。グーの手を内向きにして行うこと。

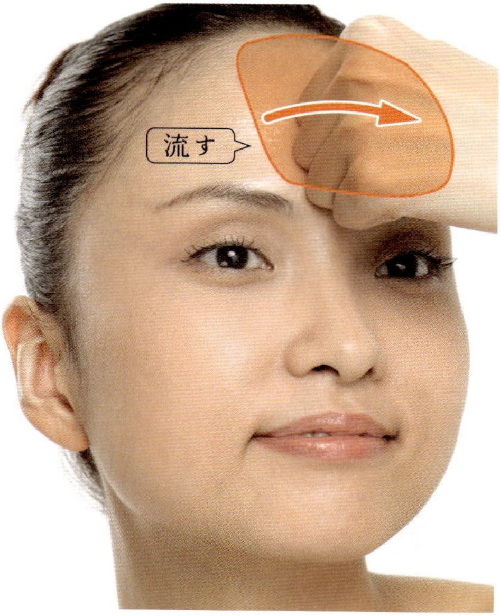

2 生え際に押し流す

左手をグーの手にし、親指以外の指の第2関節を額の中央にぐっと垂直に押し当て、力を抜かず生え際まで押し流します。強めの力で行って。

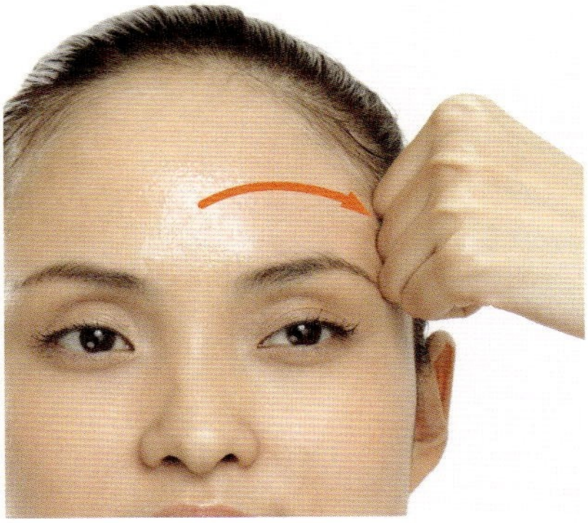

3
額をまんべんなく強めの力で流す

額を上下に４か所ほどに分けて、少しずつ位置を変えながら、同じ要領で中央から生え際に向かって、力を抜かずに強めに押し流します。

4
段差がある部分は特にしっかりと

額の上の髪の生え際のあたりは、特に老廃物がたまりやすく、皮膚に段差ができている場合も。段差をなくすよう、しっかりと押し流しましょう。

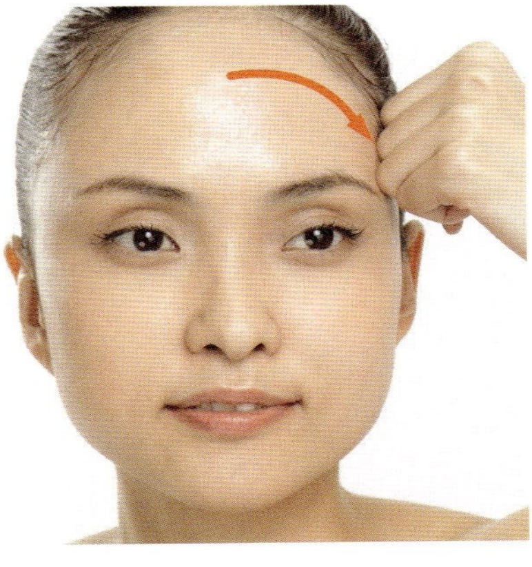

5
髪の生え際まで流し、老廃物を排出

髪の生え際まできっちりと押し流すと、老廃物が排出されやすくなります。痛みを感じなくなるまで押し流しましょう。1～5を右側も同様に。

顔の生え際から側頭部のあたりに老廃物がたまると、顔がたるみやすくなります。老廃物を押し流せば、顔が引き上がりフェイスラインがスッキリ。

Step 2-8

側頭部

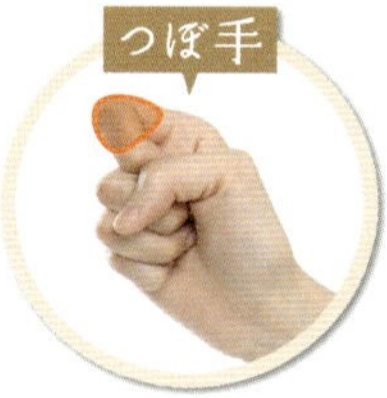

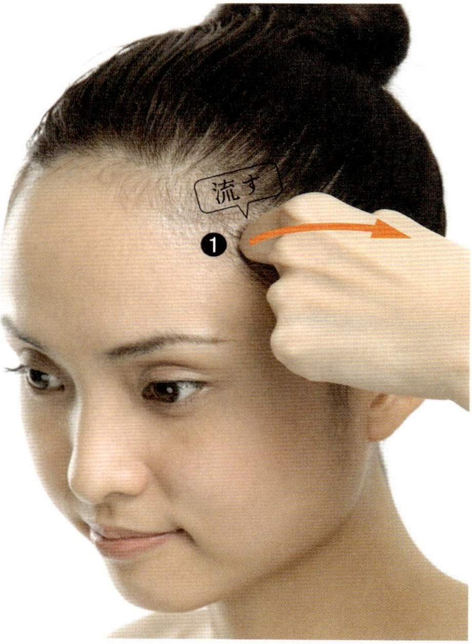

1
生え際から側頭部を押し流す

左手をつぼ手にしたまま、人さし指の第2関節を、こめかみの上あたりの髪の生え際に垂直に押し当てて、後ろに向かって強めの力で押し流します。

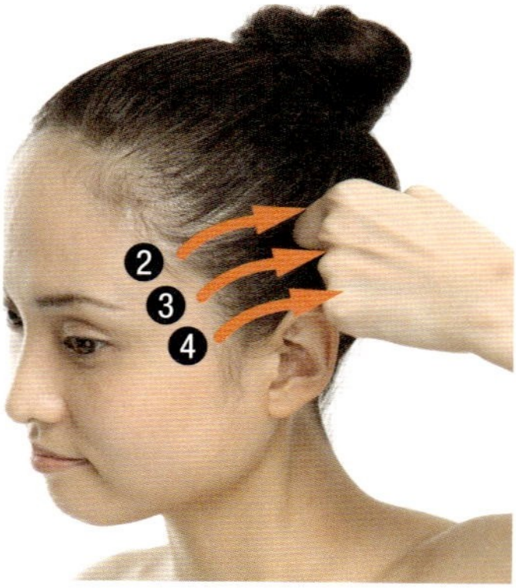

2
側頭部全体をまんべんなく

位置を少しずつ変えながら、耳の上あたりの側頭部全体をまんべんなく押し流しましょう。グリグリと音がするまで行って。1～2を右側も同様に。

最後に、耳のつけ根まで集めた顔の老廃物を、後頭部へ押し流します。顔の老廃物が後頭部のリンパ節に流れ、排出が促されます。

Step2-9
耳のつけ根〜耳の後ろ

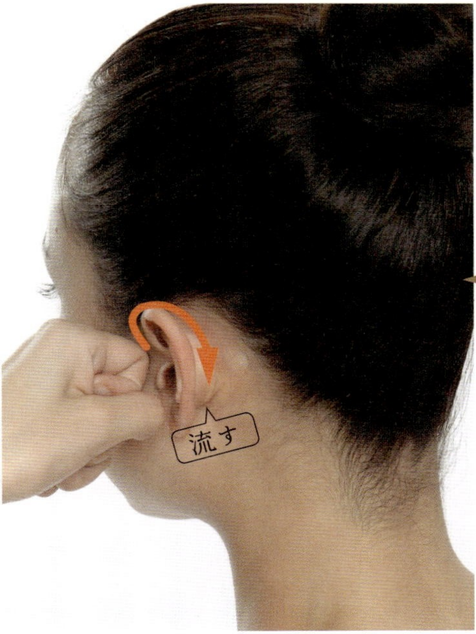

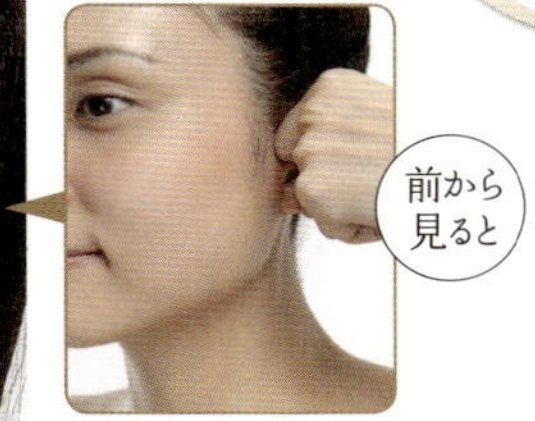

1 耳の前から後ろへ流す

左手のつぼ手にして、人さし指の第2関節を耳の前に当てて、髪を耳にかけるような動きで、耳の前から耳の後ろまで押し流します。

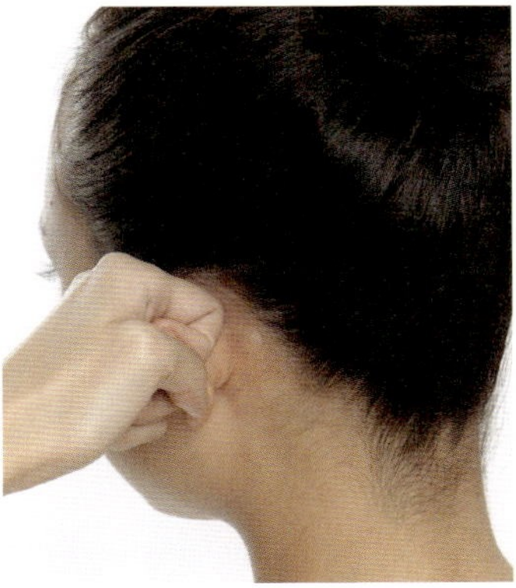

2 耳の後ろまで強めに流す

耳の際ギリギリのラインに沿って、強めの力で押し流していきます。痛みを感じなくなるまで繰り返して行いましょう。1〜2を右側も同様に。

Step 3

頭にはりついた老廃物を削り取る

頭には顔以上に老廃物がこびりつき、老廃物の厚みで頭がひと回り大きくなっている場合も。顔から集めた老廃物と共に後頭部まで押し流し、頭をキュッと縮小させましょう。

準備すること

頭のマッサージは、シャンプーの際などに行うことがおすすめ。好みに応じて、手持ちのヘッドマッサージ用のオイルなどを使用してもOKです。

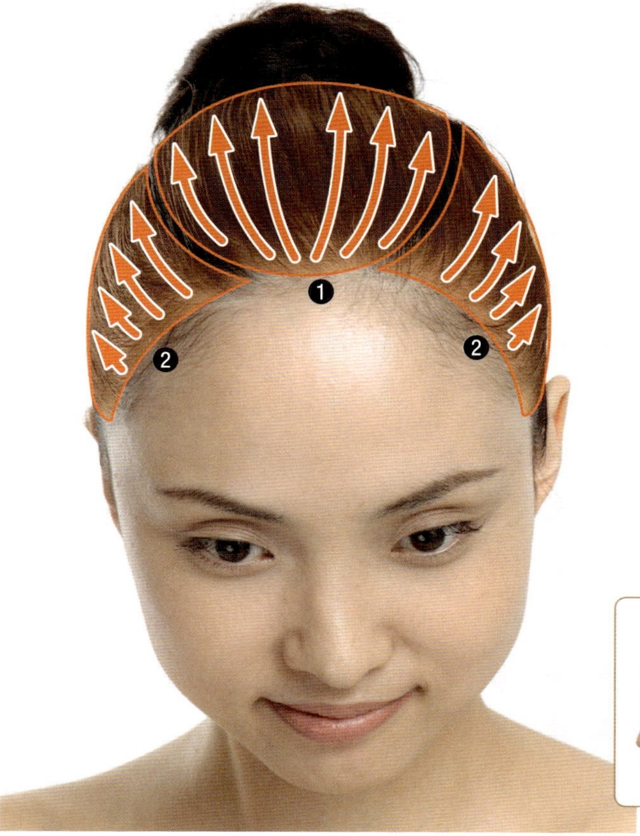

Step3で はがす部分

❶前頭部～頭頂部

老廃物が蓄積し、盛り上がっていることが多いのでよく刺激を。

❷側頭部

顔の老廃物がここで詰まり、たるみを招きがち。十分に流して。

❸後頭部

首や肩とつながる部分。老廃物を流せば肩や首のこり予防にも。

生え際を境に前頭部から頭頂部にかけて老廃物の蓄積量がぐっと増え、分厚くなっている人も多いはず。生え際から頭頂部へと老廃物を流しましょう。

Step3-1
前頭部～頭頂部

1
指の腹を上下に動かして刺激

両手の指の腹を髪の生え際に当て、左右の手を交互に上下に動かしながら、生え際から頭頂部へ刺激。頭蓋骨をつかむように垂直に押しながら動かして。

2
位置をずらして頭頂部まで刺激

手の位置を少しずつずらしながら、前頭部～頭頂部まで全体をまんべんなく行います。痛みを感じるくらい強めの力で垂直にぐっと押しながら刺激しましょう。

Step3-2

側頭部

側頭部には、噛むときに使われる筋肉があり、疲労物質がたまって張りつきやすい部分。詰まると顔のたるみも招くので、しっかり流してリフトアップ！

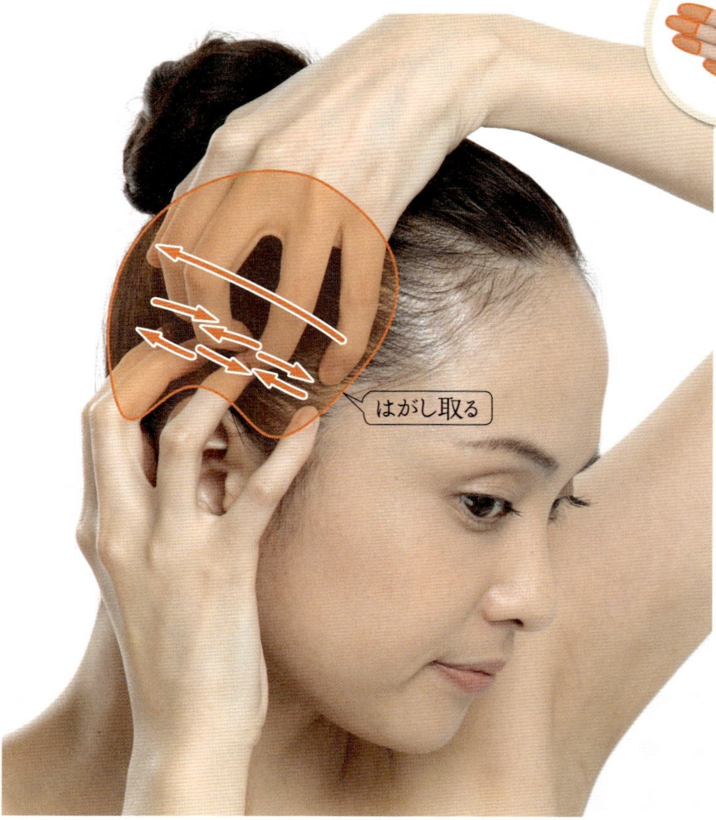

側頭部を前後に刺激

側頭部に両手の指の腹を当て、左右の手を交互に前後に動かします。強めの力で垂直に押しながら、側頭部全体をまんべんなく刺激しましょう。

Step3-3

後頭部

後頭部に老廃物がたまると、首や肩の筋肉の伸縮性が悪くなり、首が縮んで、肩こりや首こりも発生。老廃物を流せばすらりと長い首になり、こりも改善。

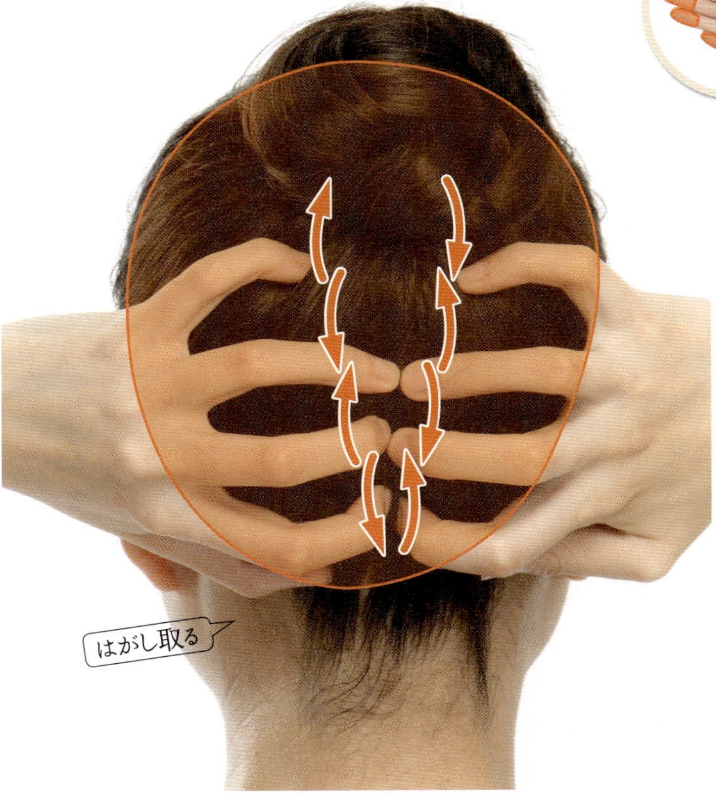

後頭部全体をまんべんなく刺激

頭を後ろに倒し、両手の親指を後頭部と首の境に当て、頭を持ち上げます。残りの指を後頭部に当て、左右の手を交互に上下に動かします。小刻みに位置をずらし、後頭部全体を刺激。

Step 4

すべての老廃物を一気に流す

顔と頭部の老廃物を後頭部まで流したところで、最後に、
首や耳下腺、あご下からStep1で開けた出口へ流し込み。
手をヘラに見立てたイメージで、すき間なく流して。

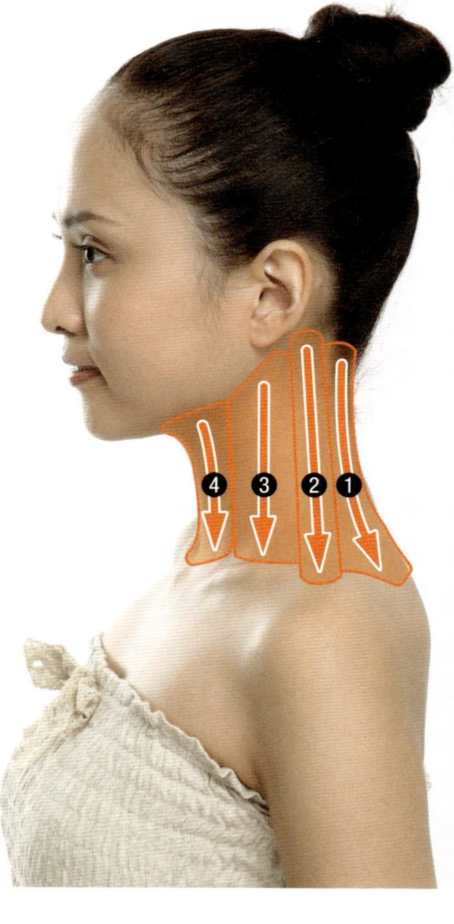

準備すること

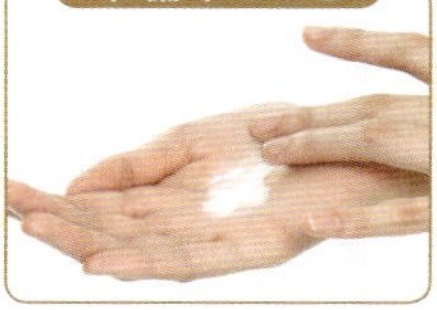

手持ちの化粧水とクリームを適量ずつ混ぜて、まんべんなく塗って行いましょう。すべりがよくなるので、摩擦を防ぎ、皮膚を傷めません。

Step4で流す部分

❶首の後ろから

後頭部に集めた老廃物を首から肩へ流し、鎖骨やわきの出口へ流れやすくします。

❷耳の後ろから

耳の後ろまで流した顔や頭の老廃物をリンパ節のある鎖骨へ。首のスリム効果も。

❸耳下腺から

顔から集めた老廃物を耳下腺から、リンパ節のある鎖骨へと流れ込ませます。

❹あごの下から

顔の老廃物をあごの下から鎖骨へと流します。二重あごの解消にも効果抜群。

後頭部と首の境目に老廃物が詰まると、肩が盛り上がって首が短くなり、首や肩のこりも発生。首から肩へとL字に流すと、老廃物の排出がスムーズ。

Step4-1

首の後ろから

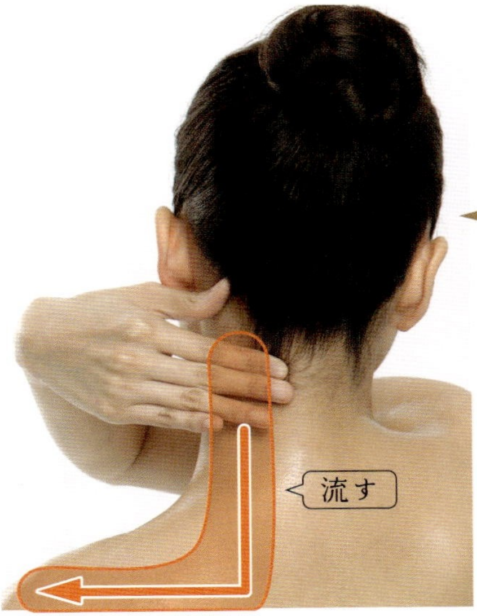

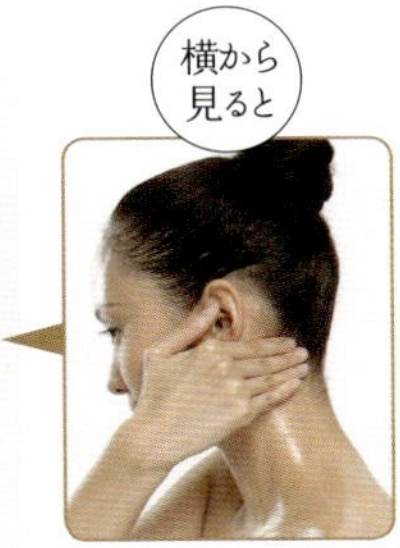

1 後頭部と首の境から下へ流す

右手を平手にして左の後頭部と首の境目あたりに当てます。人さし指の側面で圧をかけ、強めに力を入れたまま下へと流していきます。

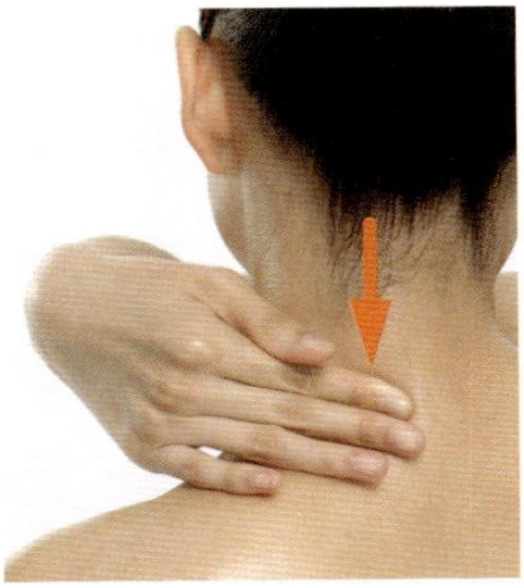

2 肩へ流したらL字に曲がる

そのまま肩の骨にぶつかるまで下へ向かって押し流します。肩の骨にぶつかったらL字に曲がります。力は緩めずに流すこと。

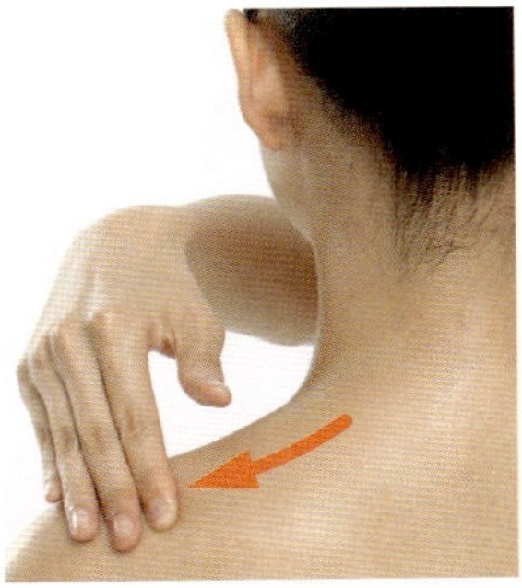

3 肩甲骨の上～肩先へ流す

L字に曲がったら肩甲骨の上の際を通って肩先へと、圧を加えながら押し流して行きます。1～3をほぐれるまで繰り返します。

Step4-2
耳の後ろから

耳の後ろまで集めた老廃物を、鎖骨にあるリンパ節に向かって押し流します。流し残しのないよう、すき間なく行いましょう。

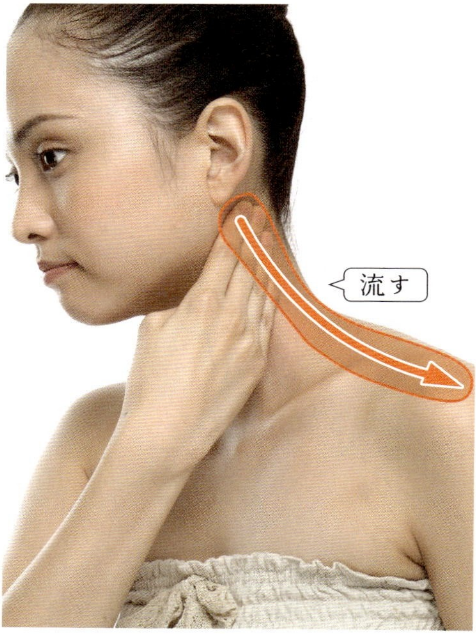

1
首の真横のラインを流す

右手を平手にして、耳の後ろあたりに当て、首の真横のラインを通って鎖骨へ向かって、人さし指の側面で強めに圧を加えながら押し流します。

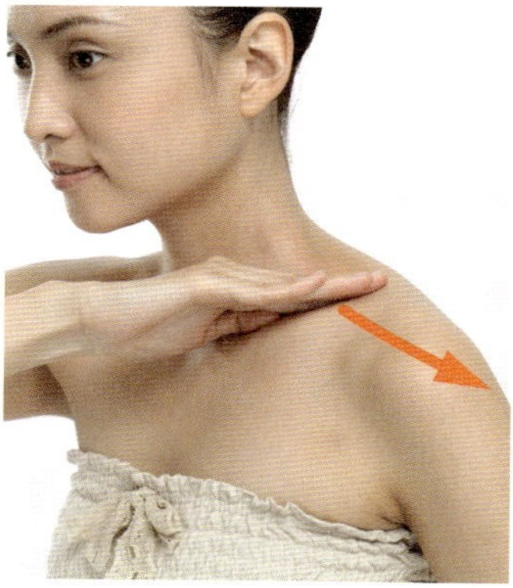

2
肩の端まで押し流す

肩の端までしっかりと力を弱めずに圧を加えて押し流していきましょう。1〜2をほぐれるまで行います。

耳下腺まで流し込んだ顔や頭の老廃物を鎖骨下リンパ節へ流し込みます。ここの老廃物が排出されれば、フェイスラインがキュッと締まります。

Step4-3

耳下腺から

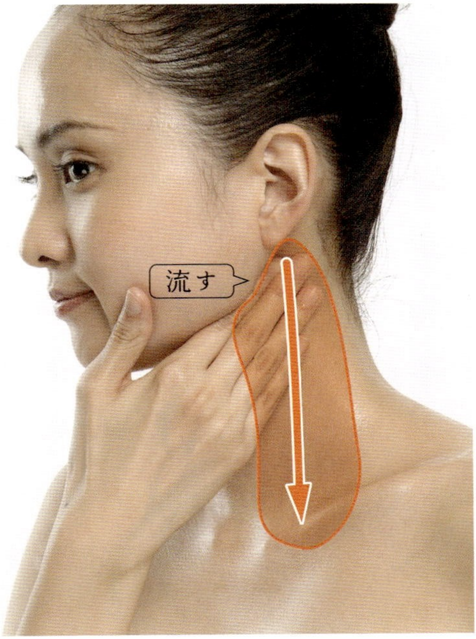

1 耳の下から鎖骨へ向かって押し流す

右手を平手にして左の耳の下に当て、人さし指の側面で圧を加えてあごの骨を押し出すようにしたら少し指を返し、圧を加えたまま下へ押し流して行きます。

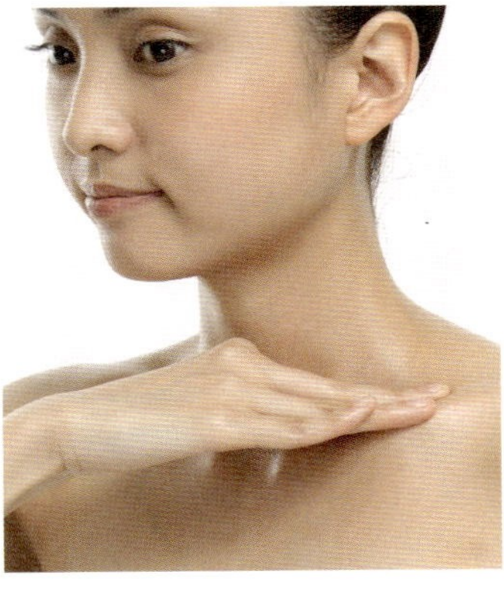

2 鎖骨のくぼみに指を押し込む

人さし指の側面で圧を加えたまま左の鎖骨まで押し流し、くぼみまで来たらぐっと指を押し込みます。この1～2をほぐれるまで繰り返します。

顔の老廃物を、あご下から鎖骨へと流し込みます。ここが詰まっていると首がむくみやすくなり、二重あごになりやすくなります。強めに押し流して。

Step4-4

あごの下から

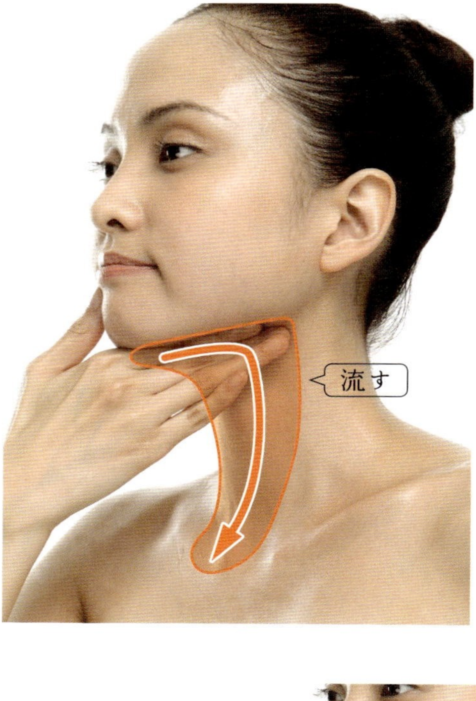

1

あごの下に圧を加えて下へ流す

右手を平手にして左側のあごの下に当て、人さし指の側面で圧を加えてあごの骨を押し出すように強く押したら、そのまま下へと押し流していきます。

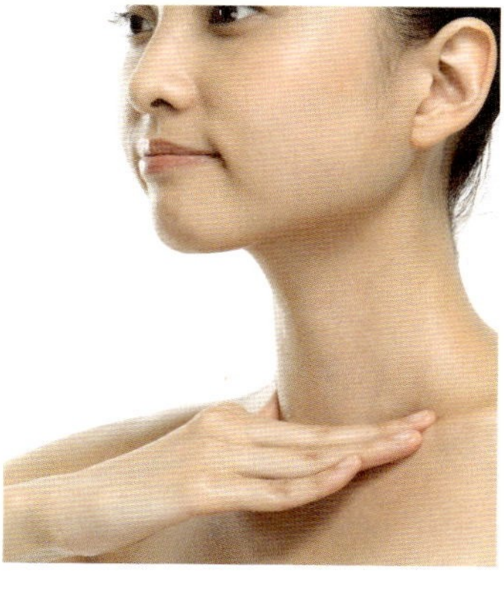

2

鎖骨のくぼみに指を押し込む

人さし指の側面で圧を加えたまま、左の鎖骨まで押し流し、くぼみまで来たら、ぐっと指を中に押し込みます。この 1 ～ 2 をほぐれるまで繰り返します。Step4-1 ～ 4-4 を右側も同様に。

神田花絵の
美へのこだわり

“体に合うもの”に敏感になる

手づくりの豆乳バナナジュース。これがなくては１日が始まりません！　ビタミンやたんぱく質、糖質など朝の体に必要なものが効率よくとれます。

How to!

朝のジュースのレシピ

［材料］

- ■有機豆乳（250㎖）
  ※成分無調整のもの
- ■バナナ１本
- ■キウイ１個

［作り方］

1. ミキサーに有機豆乳を入れます。
2. 皮をむいて４等分程に切ったバナナと、皮をむいて半分に切ったキウイを入れ、ミキサーに30秒ほどかけます。

※豆乳の量を少なめにするとスムージーのようにトロトロになるので、お好みで調整してみてください。

　エステティシャンというと食事にもかなりこだわりそうなイメージですが、実際、毎日の仕事は休憩も取れないようなかなりのハードワーク。ランチはおにぎりだけで済ませることや、食べる時間がないことがほとんどです。また、夜に焼肉を食べることもお酒を飲むこともあります。

　こだわり、といえるものは、おいしいものをおいしく食べて、自分の体をよく知ること。10年以上続けている習慣に、昔、親友から教えてもらった特製レシピの「豆乳フルーツジュース」を朝に飲む、というのがありますが、これも自分の体に合ったメニューの1つです。また、夜は野菜スープをつくることが多いです。シリコンスチーマーで根菜類やトマト、豆類などをホクホクになるまでスチームし、たっぷり摂取します。

　食べることが大好きなので、ストイックな食事制限をするよりも自分の体や肌に敏感になって、心も体もイキイキする食事が何よりも大切かも（笑）。

Special Lesson 1

小顔のカギ、水分補給を心がけて

水分を入れ替える
イメージ

体内の老廃物を排出し、新鮮な水をめぐらせる

リンパマッサージは、ほぐした老廃物をリンパ管に流し込み、尿として排出させるのが主な目的。でも水分が不足していると、せっかくほぐれた老廃物も体内に滞ってしまいます。日ごろから水分補給を心がけ、めぐりのよい体をつくるようにしましょう。水を手元に置いてこまめな補給を心がけてください。メソッドを行う際は、さらに+1ℓ程度を目標に。

ダナリーボーテでは
デトックスティーを
出しています

抗酸化作用、デトックス効果のある「ジューアールティー」。

何を飲むかにこだわって

硬度やミネラル成分の有無など、水の種類はさまざまですが、体に合い、無理せず続けられるものを継続して飲むのがいちばんだと思います。個人的には、メソッドを行う際は大量に飲むので、ミネラルなどの成分量が少ない軟水がよいのではと考えています。

めぐりのよい体をつくるために

目安は1日1.5ℓ

日ごろからこまめな補給を

Point 1

人間の体は80%が水分でできています。1日に食事以外で補いたい水分の目安は、1.5ℓ。心がけていないとなかなか補給できない量です。一度にとるのではなく細めな補給を心がけて。コーヒーや緑茶、紅茶は利尿作用があり体内をめぐらず排出されてしまうため、水の代わりにはできません。

マッサージ前後は+1ℓ程度を

Point 2

水分をとるとむくんでしまう人は、リンパが詰まってしまっている証拠。メソッドと水分補給をセットで行い、詰まりを取り除いていきましょう。メソッドを行う際には日常的に飲む1.5ℓにプラスして、さらに最初に500mℓ、終わった後にもできれば500mℓ程度飲むことをおすすめします。

とにかくトイレに行くクセを

Point 3

体にたまった老廃物は、水分とともに汗や尿となり体外に排出されます。トイレに行く回数が少ない人は、それが流れていない状態で過ごしているということ。めぐりのよい体をつくるためにまずは無理やりにでもトイレに行く回数を増やして、老廃物を出すクセをつけてください。

Chapter2

自分の顔を知って＋α
部位別悩み解消メソッド

二重あごや、額のシワ、額の盛り上がりなど、
特に気になるパーツがある人におすすめなのが、
部位別の強化マッサージ。ベーシック・メソッドに
プラスして、さらなる小顔を目指しましょう。

Enhance

About Method

ありのままの自分を鏡に映す。弱点を知ることが小顔への第一歩。

お客様によくお伝えするのが、自分でダナリーフェイシャルを行うとき、「1日1回は、必ず鏡を見て行ってください」ということです。

ダナリーフェイシャルは、いつでもどこでもできる方法なので、日中の仕事の合間などにも、ちょこちょこと〝ながら押し〟をしてほしいのですが、1日1回は、鏡に自分を映しながら行ってください。鏡に映し、顔の片側だけマッサージをすると、行ったほうだけ、顔がキュッと引き上がるのがはっきりと目に見えてわかるはず。効果を実感すれば、やる気になって「もっとキレイになろう」という意識も高まります。さらに、鏡をよく見ると「まだ額が盛り上がっているな」とか、「しもぶくれが気になるな」などと、自分のウイークポイントや、さらにマッサージを強化すべき部分もわかってきます。それこそが小顔への第一歩なのです。

第2章では、まずは鏡に自分を映して自分の弱点を見極め、それを改善する強化マッサージを行っていきます。ベーシック・メソッドにプラスして行ってください。

まずは大きな鏡で自分の顔をチェック

1日に1回は、鏡に自分を映して、
顔をよ〜くチェックしてみましょう。
額のシワや、あごの下のたるみ、
肩の盛り上がりなど、どこを重点的に
マッサージすべきかわかるはず。

自分の顔をチェック！タイプ別診断

鏡で自分の顔をじっくり見て、以下のチェックポイントで当てはまるものを確認。
タイプがわかったら、その弱点を解消する＋αマッサージにトライ！

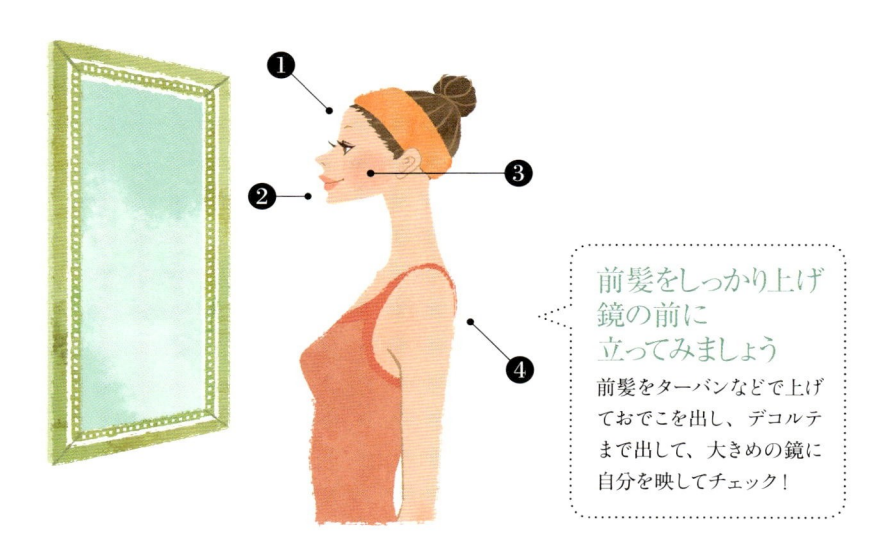

前髪をしっかり上げ鏡の前に立ってみましょう

前髪をターバンなどで上げておでこを出し、デコルテまで出して、大きめの鏡に自分を映してチェック！

☑ Checkすべきところ

1 目を見開いたとき、額のシワは？

目を見開くと
額にシワが寄る。
額が盛り上がっている。
➡ Type1

2 フェイスラインはすっきりしている？

あごがたるんで
二重あごになっている。
顔がしもぶくれ気味。
➡ Type2

3 頬にむくみは？

頬がむくんで
ほうれい線がある。
目尻にシワがある。
➡ Type3

4 肩が盛り上がっていない？

肩がパンパンに張って
盛り上がっている。
首が短くなっている。
➡ Type4

あなたが特に解消したいのはココ!

Type2 ➡P.73

二重あご、しもぶくれを解消

□二重あご
□しもぶくれ

+α マッサージが必要なPoint

- 鎖骨下
- 鎖骨上
- あご下～耳下腺

Type1 ➡P.68

額のシワや盛り上がりを解消

□額にシワが寄る
□額が盛り上がっている

+α マッサージが必要なPoint

- 目頭～眉上～生え際
- 額
- 側頭部

Type4 ➡P.80

肩の盛り上がり、太い首を解消

□肩が盛り上がっている
□首が太くて短い

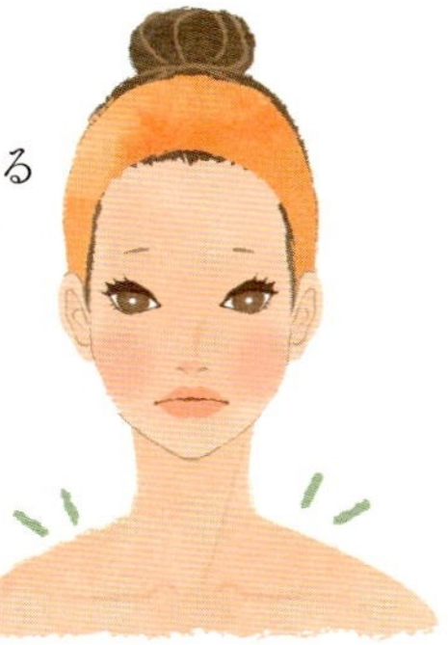

+α マッサージが必要なPoint

- わきの下
- 後頭部
- 二の腕
- 首全体

Type3 ➡P.76

頬のむくみ、目尻のシワを解消

□頬がむくんでいる
□笑うと目尻にシワができる

+α マッサージが必要なPoint

- 小鼻～頬の上～耳のつけ根
- 耳の前～耳の後ろ
- 側頭部

Type 1

額のシワや盛り上がり を解消

額が盛り上がっていたり、額のシワが目立つ人は、
額や頭部に老廃物がたまっているサイン。重みで額が下垂し、
目のまわりの流れも滞っているから、目から上をしっかり流して。

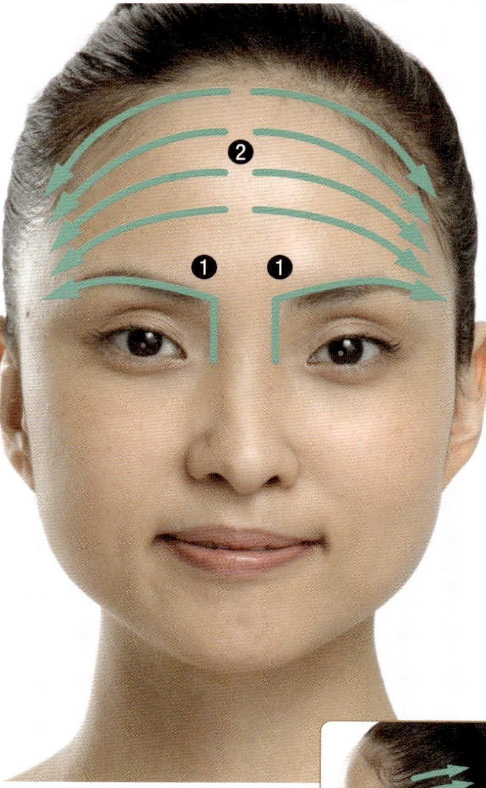

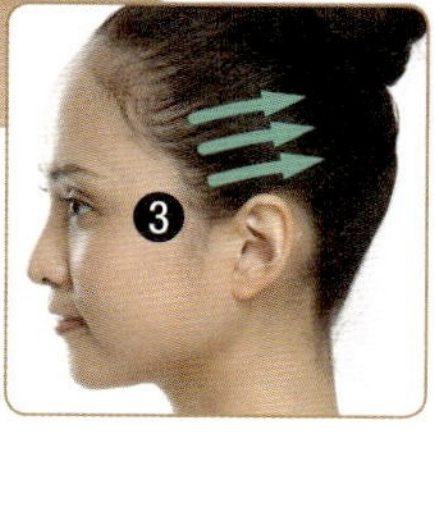

準備すること

目頭〜眉上〜こめかみ、側頭部のマッサージは何も塗らずに行って OK。額は、手持ちの化粧水とクリームを適量混ぜて、全体に塗って行って。

第1章「基本の4ステップ」の**Step3まで**を行う

❶目頭〜眉上〜生え際

額に老廃物が詰まっている人は目まわりも詰まり気味。

❷額

額の老廃物を流せば盛り上がりや段差が解消し、シワも薄くなります。

❸側頭部

額の老廃物は側頭部へ流し、リンパの出口へ流れ込みやすく。

第1章「基本の4ステップ」の**Step4**を行う

Type1-1 目頭~眉上~生え際

額に老廃物が詰まっていると、その重みでたるみ、目のまわりのリンパの流れも滞ります。額の循環をよくするため、まずは目のまわりの老廃物から流します。

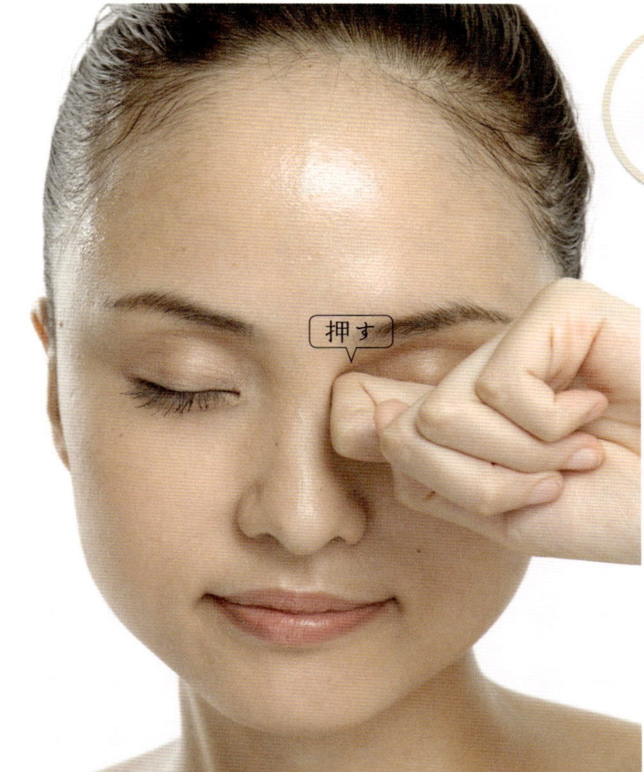

1 つぼ手で目頭を押しほぐす

左手をつぼ手の形にして人さし指の第2関節を、左の目頭に垂直に強めに押し当てて、ぱっと離します。次に眉頭の骨の際に押し当て、同様に行います。

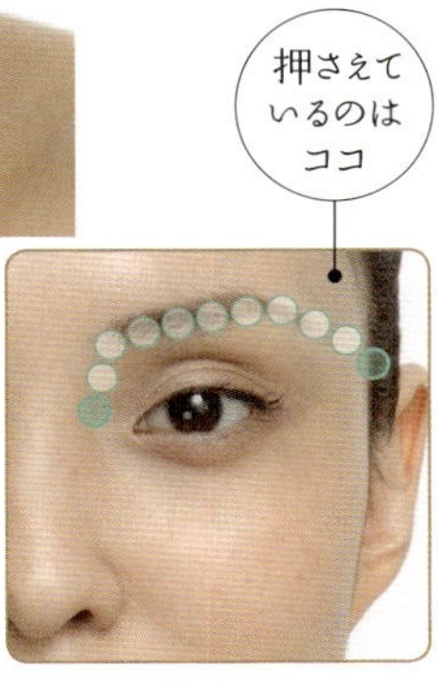

2 眉頭から眉尻へ押す

眉頭でL字に曲がったら、眉尻に向かって、小刻みに位置を変えながら、垂直に強めに押して、ぱっと離すを繰り返して行きます。

3 こめかみまでしっかり押す

同じ要領で、こめかみまで押していきます。強めの力で行うのがポイント。1～3をほぐれるまで行いましょう。1～3を右側も同様に。

Type1-2
額

額の老廃物が流し切れていないと、シワや盛り上がりが改善しません。さらにしっかり流して。老廃物が取れると本来の美しい額のラインになりシワも改善。

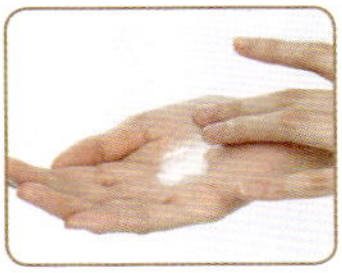

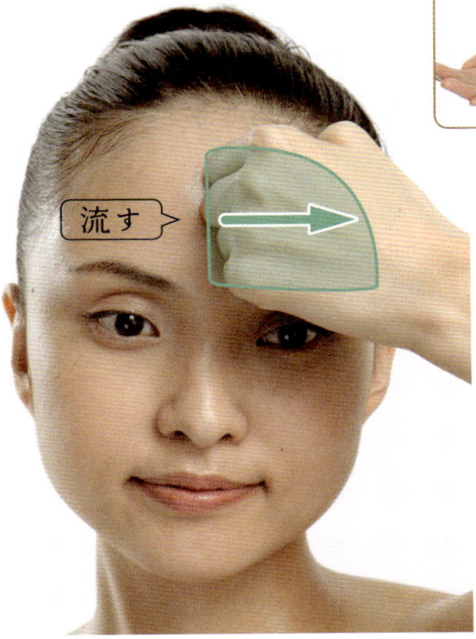

1 こめかみに押し流す

化粧水とクリームを混ぜて額に塗ります。左手をグーの手にし、額の中央よりやや内側に垂直に押し当て、生え際まで押し流します。

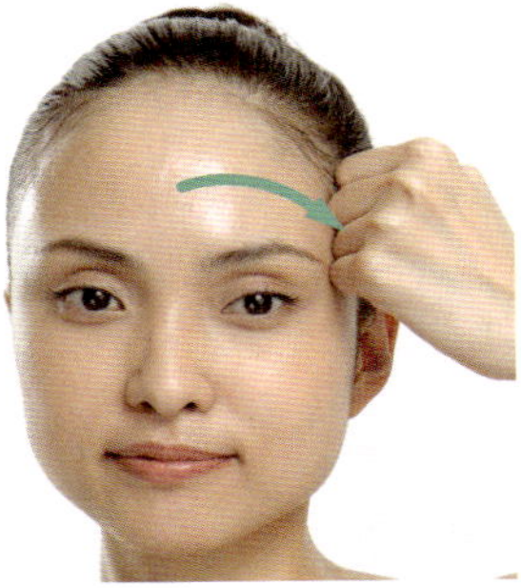

2 生え際まで確実に流す

額の中央から、こめかみの髪の生え際あたりまで、きっちりと強めに圧を加えて押し流すと、老廃物が排出されやすくなります。

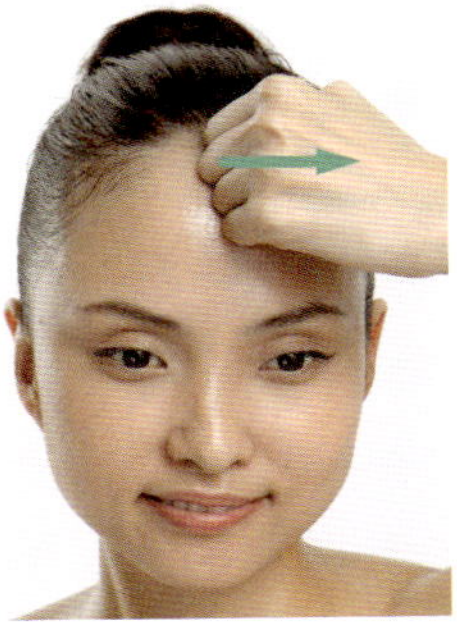

3 全体をまんべんなく流す

額を上下に4か所ほどに分けて、位置を変えながら同じ要領で中央から生え際へ押し流します。1～3を右側も同様に。

Type 1-3
側頭部

額の老廃物を側頭部に押し流し、排出されやすくします。ここの詰まりが取れれば、額全体のリンパの流れがよくなり、額と顔が引き上がります。

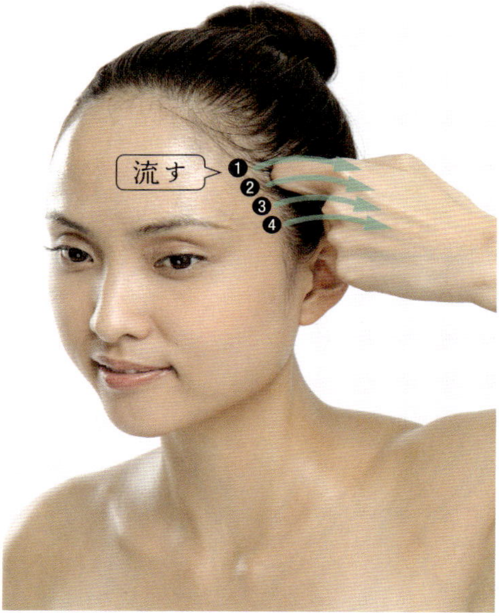

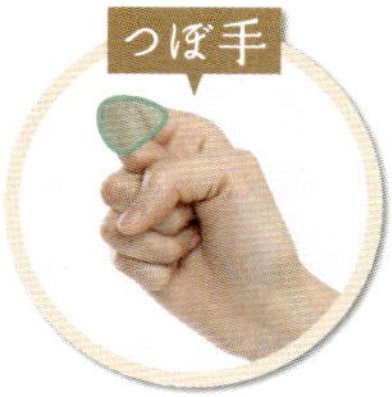

1 生え際から後ろへ流す

左手をつぼ手にし、人さし指の第２関節を、こめかみ上の髪の生え際に当て、後ろへと強めの力で押し流します。ほぐれるまで行って。

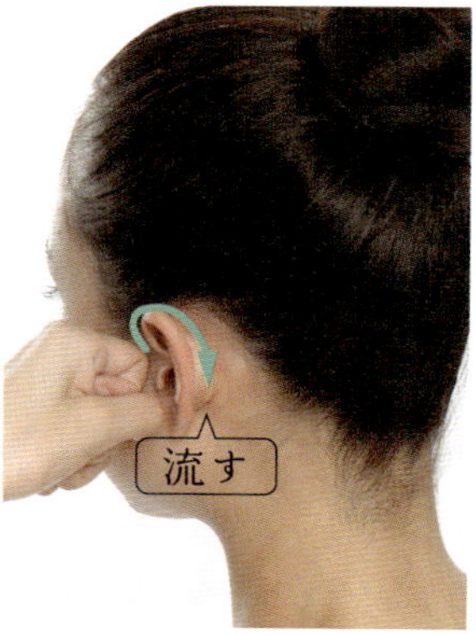

2 耳の際の老廃物を流す

最後に耳のつけ根から耳の後ろをぐるっと流し、耳の周辺に集まった老廃物をリンパに流し込みます。１〜２を右側にも行って。

Type 2 二重あご、しもぶくれを解消

二重あごや、下ぶくれになるのは、あご下や耳下から鎖骨にかけての老廃物が流し切れていないのが原因。この部分をさらに流し、フェイスラインをシェイプ！

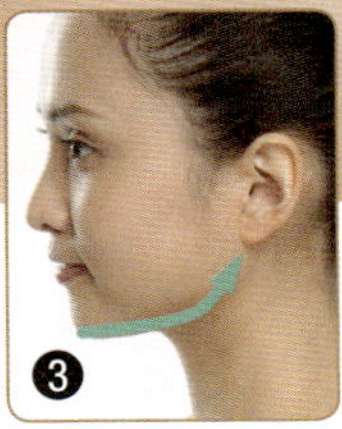

第1章「基本の4ステップ」のStep3までを行う

❶鎖骨下

鎖骨下が詰まっているとあごの老廃物が流れないので再度刺激。

❷鎖骨上

老廃物の大きな出口がある部分。強めに押して、排出を促進。

❸あご下～耳下腺

ここの老廃物を流さないとたるみは直りません。確実に流して。

第1章「基本の4ステップ」のStep4を行う

鎖骨まわりが詰まっていたら、あごの老廃物が流れずたるみやすくなります。痛みを感じなくなるまで行い、あごの老廃物が流れやすい状態に整えましょう。

Type2-1

鎖骨下

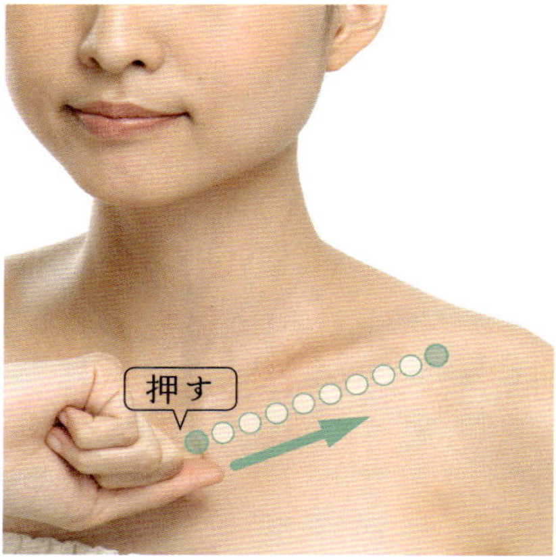

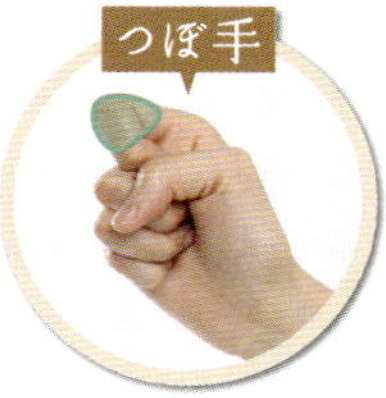

鎖骨下を内から外へ押していく

右手をつぼ手の形にして、人さし指の第2関節を鎖骨下の中央に垂直に押し当て、ぱっと離します。これを鎖骨の端まで行って。右側も同様に。

顔のリンパの最終地点である鎖骨下リンパ節がある部分。ここをしっかり開けて、あごの老廃物を流し切れば、フェイスラインが引き締まってシャープに。

Type2-2

鎖骨上

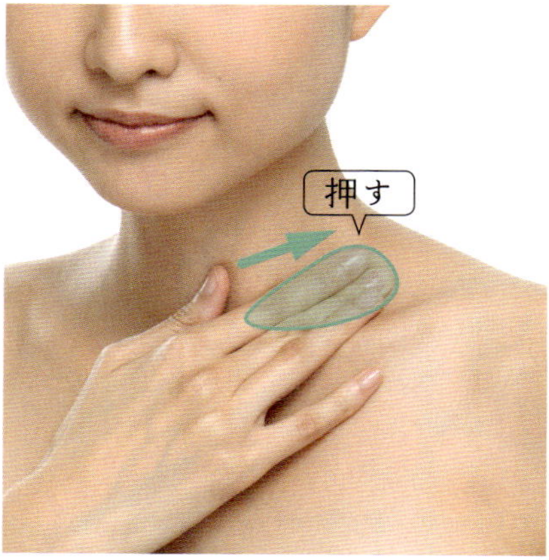

鎖骨上のくぼみをぐーっと押す

右手を平手の形にし、鎖骨上のくぼみに当て中指と薬指でぐーっと垂直に3秒間強めに押し、ぱっと離します。ほぐれたら、右側も同様に。

Type2-3 あご下～耳下腺

あご下のリンパ節の詰まりを取ると、フェイスラインのもたつきが解消し、しもぶくれが改善。あごのたるみも改善しやすくなり、二重あごもスッキリ。

あご下をつぼ手で押していく

左手をつぼ手にし、人さし指の第２関節をあごの中央にぐっと強めに垂直に押し当て、ぱっと離します。耳の下へ向かって同様に少しずつ位置を変えながら行います。ほぐれたら、右側も同様に。

Type 3

頬のむくみ、目尻のシワを解消

笑ったときに頬がぷっくりと盛り上がり目尻にシワができたり、目まわりにクマやたるみができるのは、頬の老廃物の蓄積が大きな原因。しっかり流すこと。

第1章「基本の4ステップ」のStep3までを行う

❶小鼻～頬の下～耳のつけ根

小鼻から頬の老廃物を流し、むくみを解消しやすい状態に。

❷耳の前～耳の後ろ

頬の老廃物を耳前～耳後ろへ流し、出口から排出されやすくします。

❸側頭部

側頭部にかき集められた老廃物をリンパへ流し込みます。

第1章「基本の4ステップ」のStep4を行う

Type3-1

小鼻～頬の下～耳のつけ根

小鼻の横や頬に老廃物がたまっていると、頬がむくんで盛り上がり、ほうれい線が出現。小鼻の横は特によくほぐして、頬を引き締めましょう。

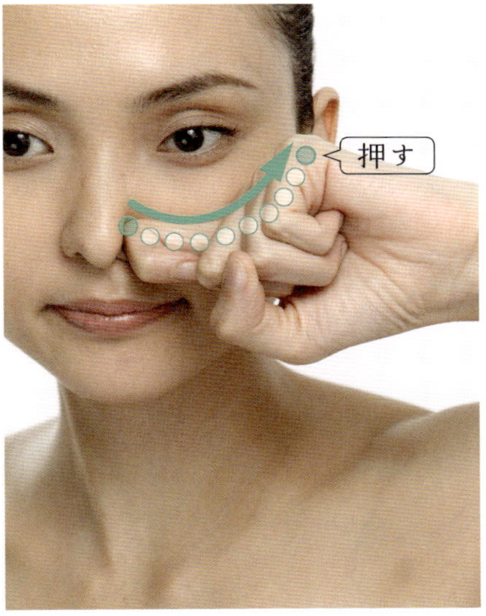

1 小鼻の少し上を垂直に押す

左手をつぼ手にしたまま、小鼻の少し上あたりに人さし指の第2関節をぐっと垂直に押し当てて、ぱっと離します。

2 頬骨の下を押していく

頬骨の下の際を、押し上げるように強めに圧を加えながら、耳へと向かって少しずつ位置を変えながら押しほぐしていきます。

3 耳のつけ根まで押しほぐす

同じ要領で、耳のつけ根まで押していきます。頬の老廃物が取れると笑ったときの目尻のシワも防げます。ほぐれたら右側も。

Type3-2

耳のつけ根～耳の後ろ

耳のつけ根まで流した頬の老廃物を耳の後ろへと流し、出口に流れ込みやすくします。頬の老廃物がスムーズに流れれば、顔が引き締まります。

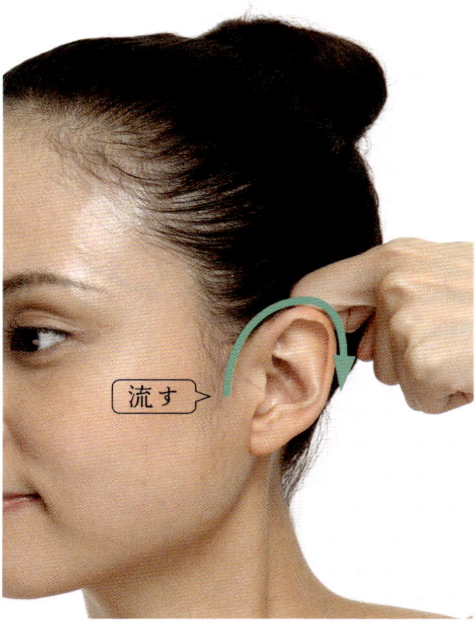

1 耳の前から後ろへ流す

左手をつぼ手にして、人さし指の第2関節を左耳の前のつけ根に当て、髪を耳にかけるような動作で、耳の前から後ろへ向かって押し流します。

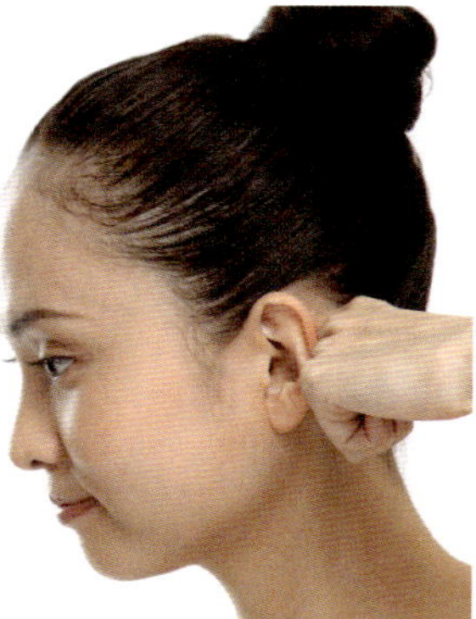

2 耳の後ろまで強めに流す

耳の際に沿って、耳の前から、後ろの耳の中央あたりまで強めの力で押し流します。1～2を痛みを感じなくなるまで行いましょう。右側も同様に。

額の老廃物を側頭部に押し流し、排出されやすくします。ここの詰まりが取れれば、額全体のリンパの流れがよくなり、額と頬が引き上がります。

Type3-3

側頭部

生え際から後ろへ流す

左手をつぼ手にし、こめかみ上の髪の生え際に当て、後ろへと強めの力で押し流します。グリグリと音がするまで行って。右側も同様に。

Type 4

肩の盛り上がり、太い首を解消

肩が張って盛り上がっていたり、首が太く短くなっているのは、
わきの下や首や後頭部のリンパが詰まっているのが原因。
詰まりをとれば、肩の張りが解消し、首も細く長くなります。

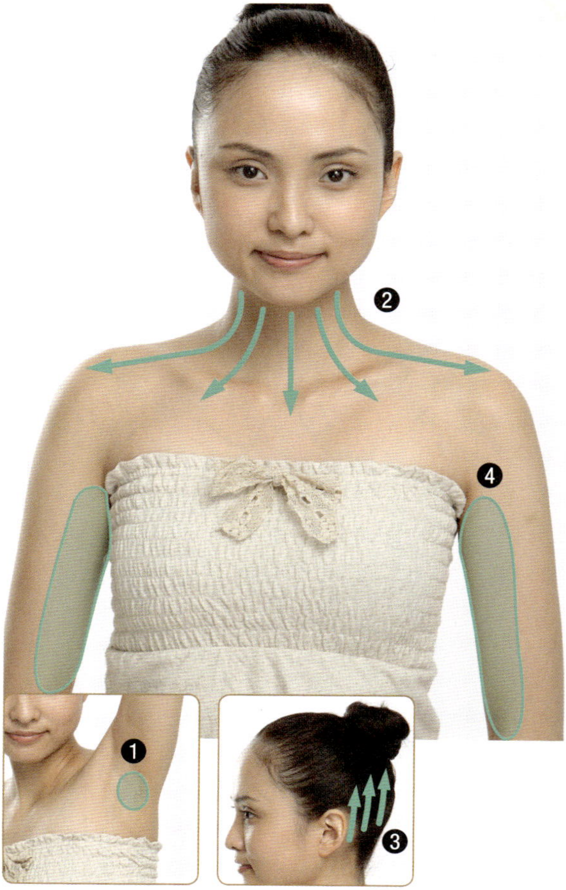

準備すること

首から鎖骨を流すときは、化粧水とクリームを適量混ぜたものを塗ってすべりをよくしてから行いましょう。

第1章
「基本の4ステップ」の
Step3までを行う

❶わきの下

わきの下が詰まると肩や首に老廃物がたまるので、しっかりケア。

❷首全体

首のリンパの流れをよくすれば、肩のハリが取れ、首もスリムに。

❸後頭部

後頭部を押し流せば、肩の盛り上がりが改善。首も長く見えます。

❹二の腕

肩の筋肉を伸ばし、マッサージでは流れにくい老廃物を流します。

第1章
「基本の4ステップ」の
Step4を行う

Type4-1 わきの下

わきの下の大きなリンパ節をほぐします。ここが詰まると老廃物が流れず、肩がパンパンに張って、首が短くなってしまいます。

わきの硬い部分を押しほぐす

右手を平手にし、左わきの下の後ろ寄りの硬い部分に指先を当て、ぐーっと体に垂直に３秒間押し、ぱっと離します。ほぐれるまで繰り返して。右側も同様に。

首全体の老廃物を流していきます。詰まりが取れて肩や首のリンパの流れがよくなれば、ほっそりと長い首になります。

Type4-2

首全体

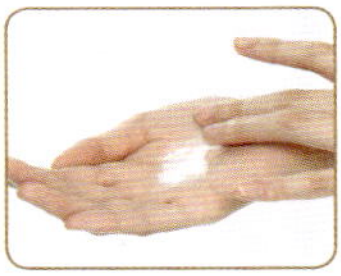

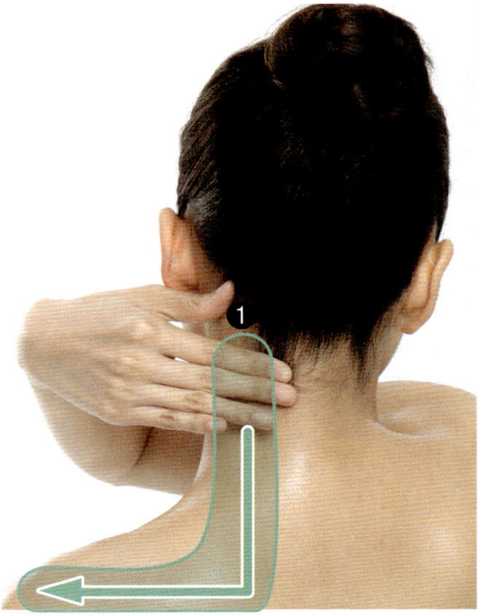

1 首の後ろから肩先まで流す

化粧水とクリームを混ぜて首からデコルテ全体に塗ります。右手を平手にし、人さし指の側面を使って、首の後ろから肩先に向けて流していきます。

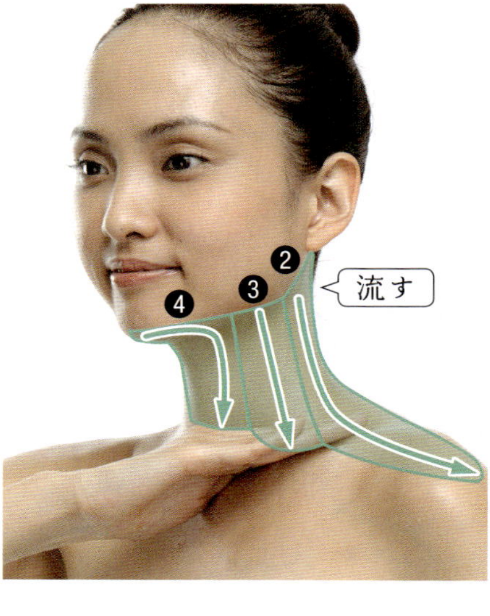

2 首全体をすき間なく

次に耳の後ろから肩へ、耳下腺から鎖骨へ、最後にあごの下から鎖骨の間へと3回にわけて、首全体をまんべんなく流していきます。

Type4-3 後頭部

後頭部のリンパの流れが滞ると、首や肩の筋肉の伸縮性が悪くなり、肩が盛り上がって首が縮みます。指で上下に刺激して、流れをよくしましょう。

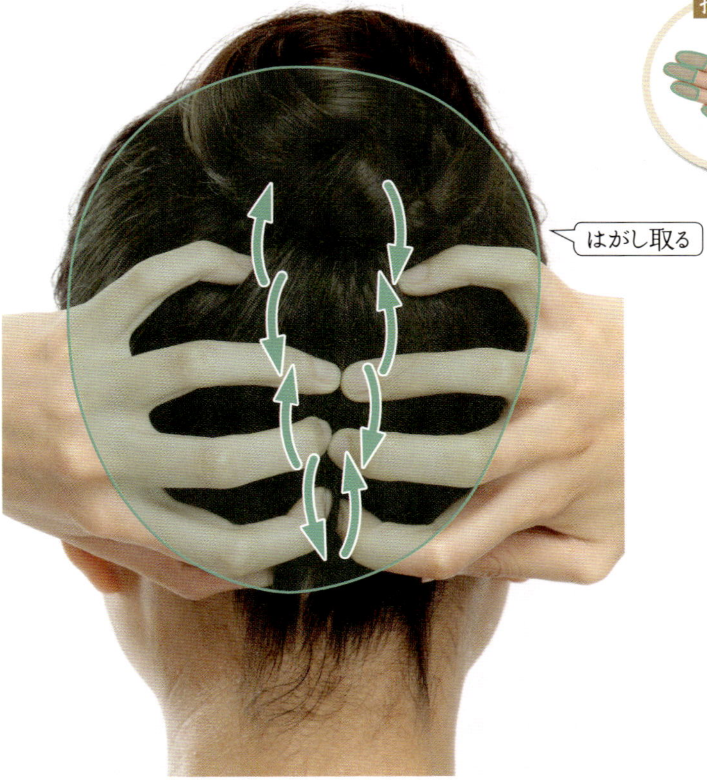

後頭部を上下に動かして刺激

両手の親指を後頭部と首の境に当て、残りの指を後頭部に当て、左右の手を交互に上下に動かします。強めの力で指を当てて、しっかり押しほぐしましょう。

Type4-4

二の腕

最後に肩をストレッチ。肩甲骨を動かしつつわきを伸ばすことで、血液とリンパの流れが促進され、流れにくい老廃物が一気に流れます。

左ひじを上げて、わきを伸ばす

左腕を上げてひじを曲げます。右手で左ひじを後ろに引っ張って、左のわきの下を伸ばして10秒キープ。右側も同様に。ほぐれるまで行って。

Dhanary facial

Q&A

Q メソッドをやってみて痛くなければ老廃物がないということ？

A 逆に老廃物が厚く固くなっている証拠。

実は老廃物が厚く層になっている人ほど痛みを感じません。石のように固まって、ガチガチになっているから。でもメソッドを続けるうちに、突然痛みを感じるようになります。それは老廃物がほぐれてきた証拠です。さらにしっかりと老廃物が流れ始めると再び痛みはなくなります。

Q 基本メソッドは必ず通して行わないとダメなの？

A 時間がないときは抜粋しても。

できれば１日に１度はしっかり鏡を見ながら通して行ってほしいですが、時間がないときや空き時間に行う場合は、できるものだけでOK。特に第１章 Step1“老廃物を流す通り道をつくる”は、空き時間に１か所行うだけでも◎。

Q メソッドが効いているか、イマイチわからない…

A 体の片側だけ行ってみましょう。

効果がわからない場合は、左右どちらか一方だけ行ってみてください。ひと通り行った後に鏡で見比べてみると、メソッドを施したほうの顔がスッキリしている、上がっている…など、左右非対称になっていることがわかるはず。

Special Lesson 2

お風呂で全身マッサージ

1 脚のマッサージ

簡単マッサージでむくみ、疲労もスッキリ

本書でご紹介しているのは顔に特化したメソッドですが、同じ理論は全身のマッサージにも適用できます。ここでは、私が毎日お風呂の中で行っているマッサージの一部をご紹介しましょう。ゆったりお湯に浸かって筋肉がほぐれたら、マッサージスタート。むくみが解消され、疲れも取れるはずです。全部の過程を行っても5分程度で終わるので、ぜひ毎日の習慣にしてみてください。

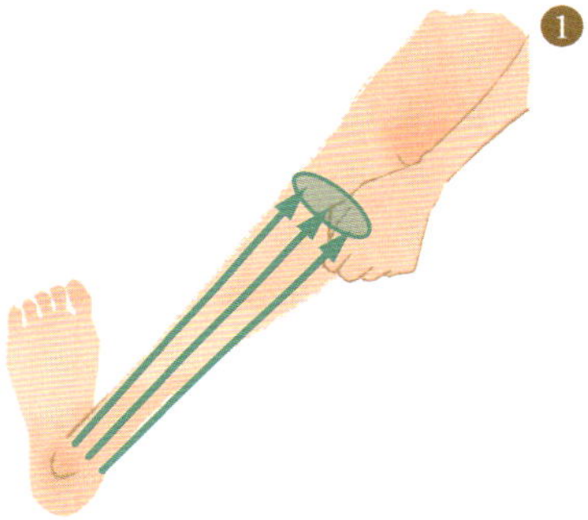

脚のハリやむくみを取るマッサージ。手をグーの手にし、第2関節を使ってくるぶしからひざ裏まで、ふくらはぎを流していきます。

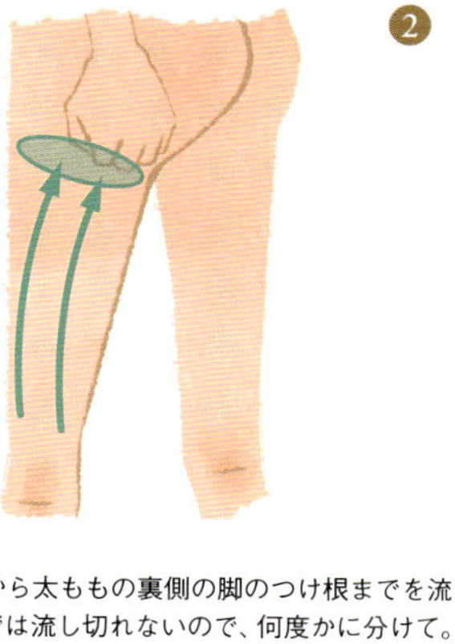

次に、ひざ裏から太ももの裏側の脚のつけ根までを流します。一度では流し切れないので、何度かに分けて。太もものつけ根にかき集めるように。

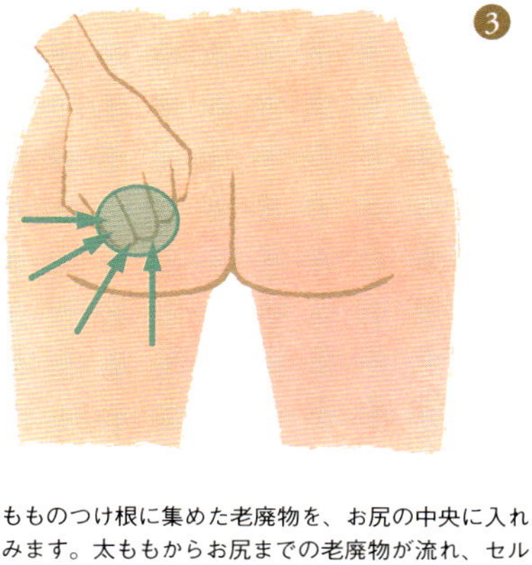

太もものつけ根に集めた老廃物を、お尻の中央に入れ込みます。太ももからお尻までの老廃物が流れ、セルライト予防にもなります。

2 腕のマッサージ

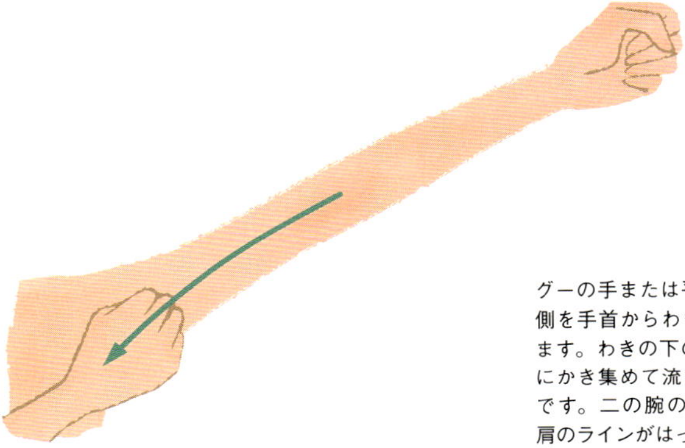

グーの手または平手で、腕の内側を手首からわきの下まで流します。わきの下の腋下リンパ節にかき集めて流し込むイメージです。二の腕のむくみが取れ、肩のラインがはっきり出ます。

3 おなかのマッサージ

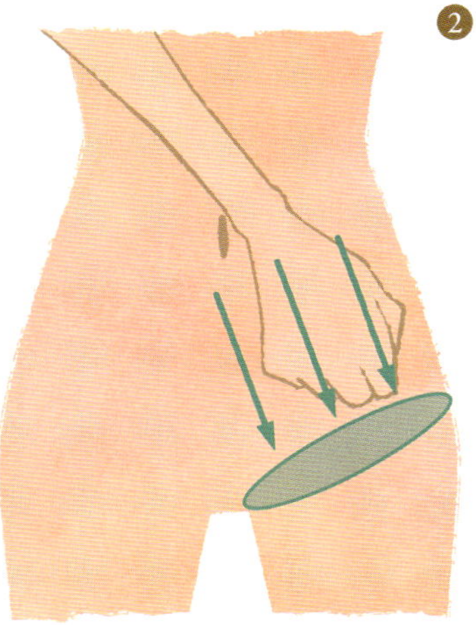

グーの手または平手のまま、かき集めた老廃物を、おへそのあたりから脚のつけ根のリンパ節に向かって、流し込んでいきます。

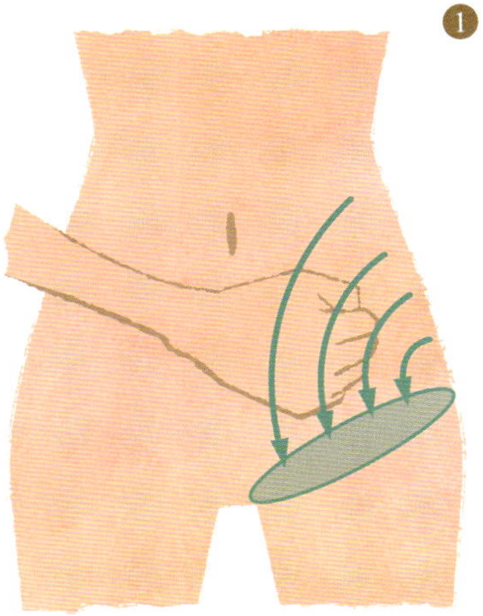

ウエストの老廃物を流し、くびれをつくるマッサージです。手をグーの手または平手にし、ウエストの後ろから、脚のつけ根に向かって老廃物をかき集めます。

Chapter3

老廃物を流し切る アドバンス・メソッド

ここまでのメソッドを毎日続けて、強く押しても
痛みがなくなってきた人は、アドバンス・メソッドに
トライしましょう。やわらかくなった老廃物を完全に
流し切ることで、究極の小顔が完成します。

Advance

About Method

「基本の4ステップ」でほぐした老廃物を根こそぎ流し切る

第1章の基本のマッサージをコツコツと続けて、押しても痛い部分がなくなってきた人は、このアドバンス・メソッドに進みましょう。大部分の老廃物はもう排出されていますが、カチカチに固まっていた状態からやわらかくほぐれた老廃物が、出口付近で流し切れていないまま残っていることもあります。そこで、アドバンス・メソッドでは、仕上げとして、老廃物がこびりつきやすい部分をさらに押し流して、老廃物を根こそぎ流し切ります。ここまで行えば、老廃物が完璧に排出され、詰まりにくい体になり、小顔や小頭、美肌もキープできるようになります。

ただ、基本のマッサージをきっちりと行っていない人が、アドバンス・メソッドを行うのは避けてください。老廃物がまだカチカチの状態のままで皮膚を押し流すことになるため、皮膚の表面だけが伸びてしまって、たるみの原因になりかねません。必ず、基本のマッサージをしばらく続けて、痛みがなくなってきたのを感じた段階で、このアドバンス・メソッドに進みましょう。

「押して痛くない」が老廃物がほぐれたサイン

マッサージ中に押しても痛みがなくなってきたら、固かった老廃物がやわらかくなり、排出も進んだ証拠。仕上げに流しもれた老廃物を廃出してリンパさらさらの体に！

マッサージオイルを使って行いましょう

アドバンス・メソッドは強めに押し流すので、市販のボディマッサージオイルやマッサージクリームを塗って行いましょう。

Advance Method

やわらかくなった老廃物を流し切る

ここまでのメソッドでやわらかくなった老廃物を、
完全に取り除いて押し流します。
老廃物がこびりつきやすい部分を、
強めにかき取るように流すのがポイントです。

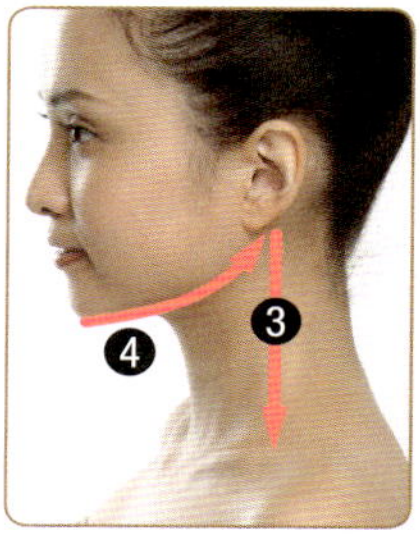

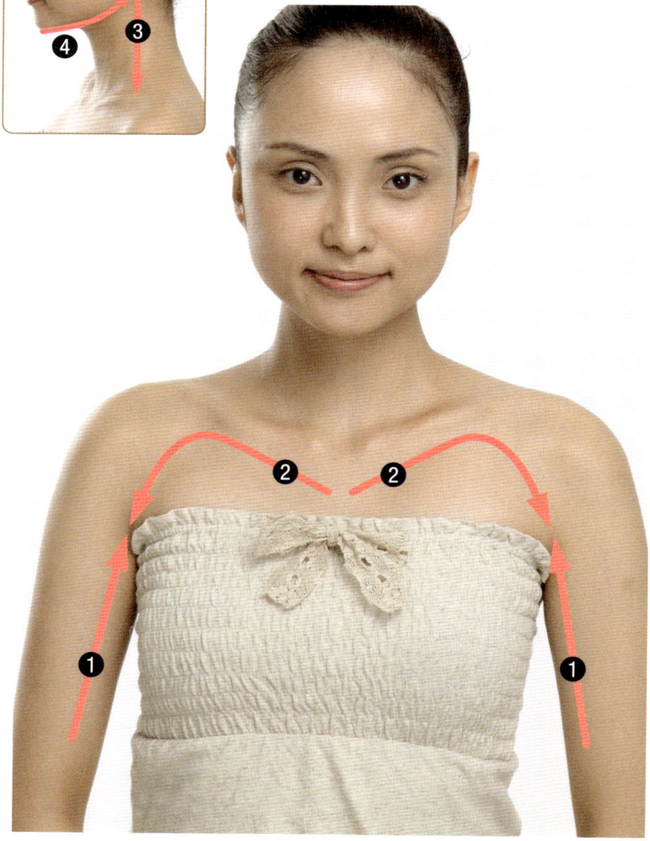

オイルを用意する

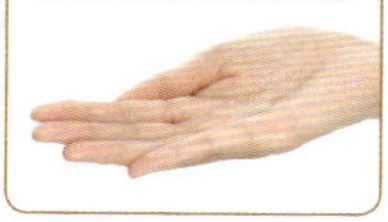

マッサージオイルやボディクリームを手の平でよく温めてから、顔・首・デコルテ・二の腕に塗ります。

1

❶二の腕〜わき

二の腕の老廃物をわきへ流し込み、たぷたぷ感をスッキリさせましょう。

❷鎖骨下〜腕のつけ根

流しもれた老廃物がこびりつきやすい部分。リンパ節に流し切りましょう。

❸首全体

首から鎖骨に残った老廃物を根こそぎ流し切れば、小顔&美肌がキープ。

❹あごの下〜耳下腺

この部分の老廃物を完全に流し切ることで、フェイスラインがシャープに。

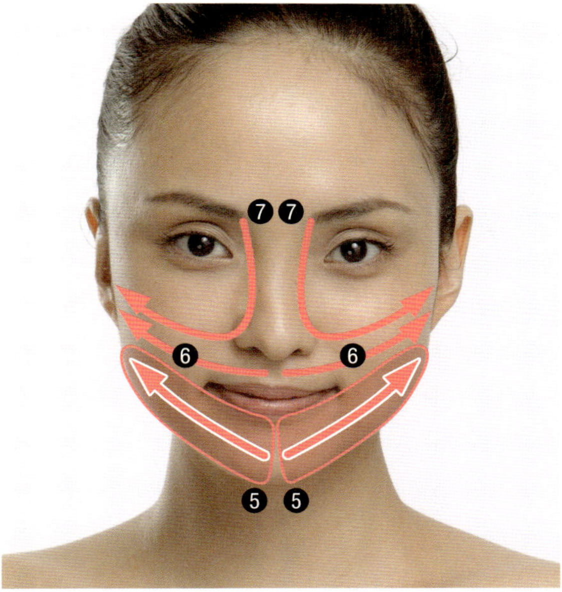

2

❺ あご～口角～耳下腺

この部分の老廃物を流し切ると、頬のたるみやしもぶくれ顔のさらなる改善に。

❻ 鼻下～ほうれい線～耳のつけ根

老廃物がこびりついた鼻下や小鼻の脇を流し切って、ほうれい線をさらに薄く。

❼ 鼻筋～小鼻～頬骨の下

ここの老廃物を確実に流し切ると、鼻に立体感が出てメリハリのある顔立ちに。

3

❽ 目の下～こめかみ～生え際

ここを老廃物を流し切れば、目の下のクマやたるみの改善にもつながります。

❾ 眉頭～生え際

眉の上を押し流し、老廃物を流し切れば、眉の形も美しく整いやすくなります。

❿ 額

額の老廃物を完全に流すことで、自然で美しいおでこのカーブが完成します。

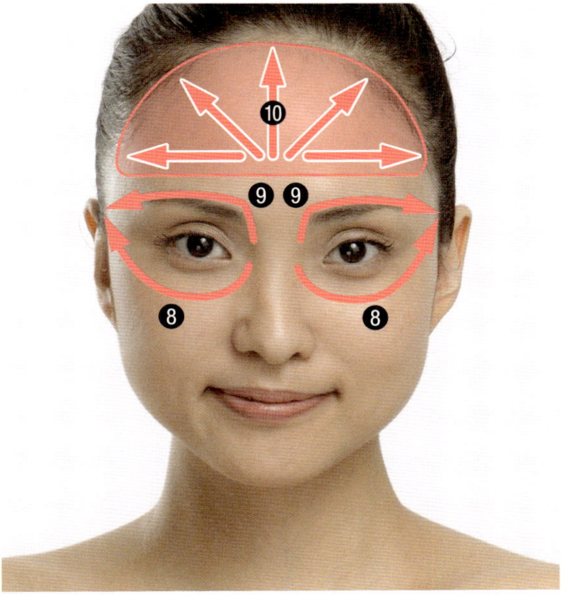

わきの下はすでにほぐし、出口が開いている状態なので、二の腕の老廃物もわきへと押し流します。二の腕が細くなり、肩のこりもほぐれます。

Advance 1

二の腕～わき を流し切る

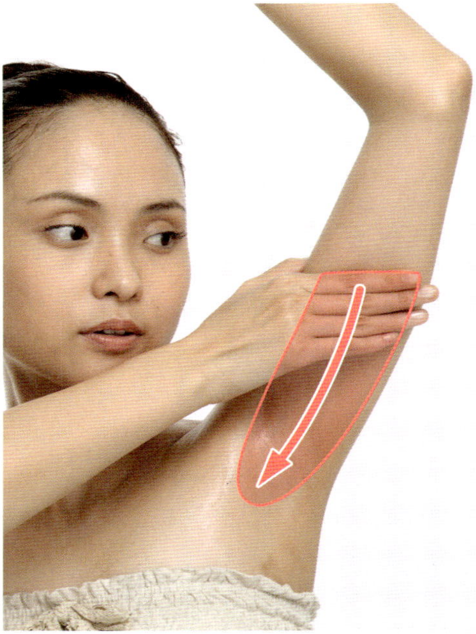

1 二の腕からわきへ押し流す

左腕を上げて、右手を平手にして、左の二の腕に当てます。親指以外の指で強めに圧を加えながら、老廃物を削り取るようなイメージでわきへと押し流します。

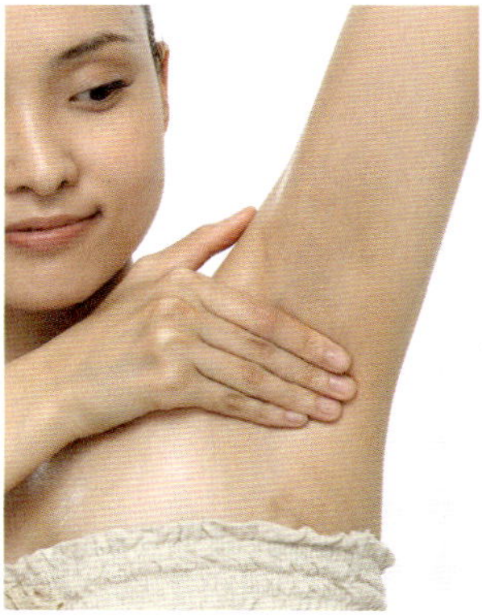

2 わきに老廃物を入れ込む

わきまで押し流したら、わきに老廃物を入れ込むイメージで圧を加えます。この1～2を強めの力で、ほぐれるまで繰り返しましょう。右側も同様に。

Advance 2

鎖骨下~腕のつけ根を流し切る

リンパの出口は開いた状態。鎖骨下や腕のつけ根の出口付近にこびりついて残った老廃物を大きなリンパ節へ向かって完全に流し切りましょう。

鎖骨下の骨の際を押し流す

右手を平手の形にして、左右の鎖骨の中央に当て、左の鎖骨の下の際に沿って、老廃物をそぐように指で強めに圧を加えて端へと押し流していきます。

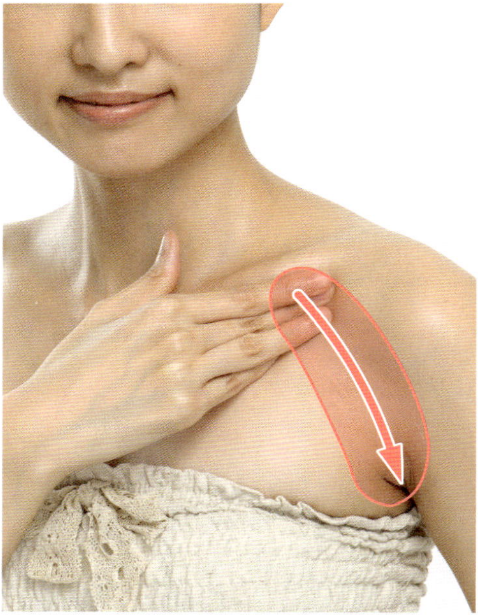

2
鎖骨の端まで老廃物を流し切る

鎖骨の端まできたら、腕のつけ根に向かって強めに圧を加えて押し流しましょう。ここの詰まりがなくなればデコルテも美しくなります。

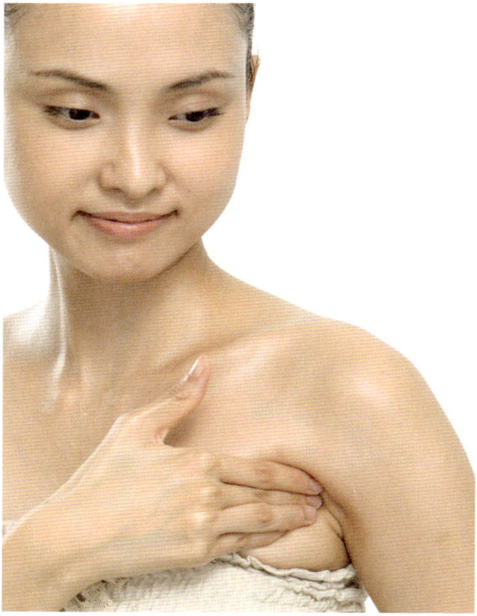

3
わき横まで流し、指を押し込む

鎖骨の端からわきの横まで強めに押し流したら、最後はわきの下に指をぐっと押し込みます。ほぐれるまで繰り返しましょう。1～3を右側も同様に。

Advance 3
首全体を流し切る

首はここまでによくほぐれているので、さらに鎖骨へと押し流し、老廃物を完全に流し切ります。ここの詰まりを完全に解消しておけば小顔＆美肌が持続。

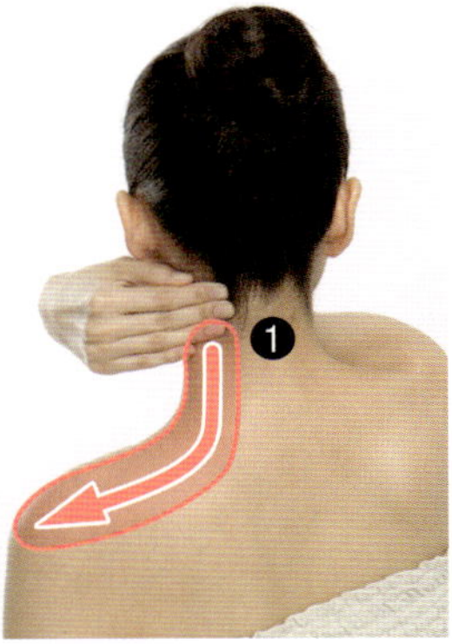

1
首から鎖骨へ向かって押し流す

右手を平手にして首の左後ろに押し当て、圧を加えたまま肩甲骨の上の際あたりへ押し流します。次に、同じ要領で耳の後ろから肩先へ押し流します。

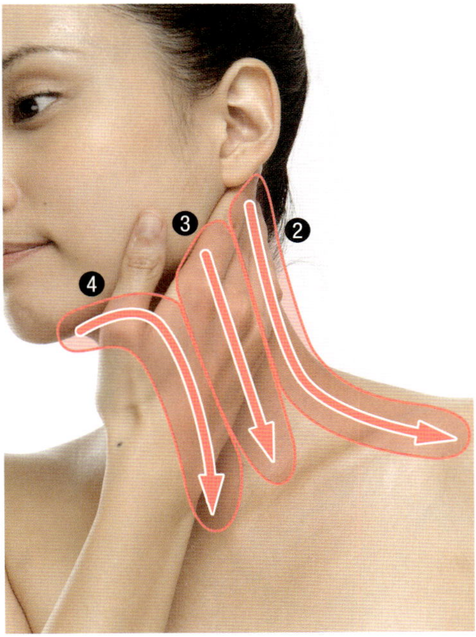

2
鎖骨のくぼみに指を押し込む

耳の下から鎖骨へ、あご下から鎖骨へと、位置を少しずつ変えながら強めに圧を加えて押し流します。1～2をほぐれるまで行います。右側も同様に。

あごの下の骨の際には流しもらした老廃物がこびりつきがちです。この部分を完全に流し切ることで、フェイスラインがよりシャープになります。

Advance 4

あごの下~耳下腺を流し切る

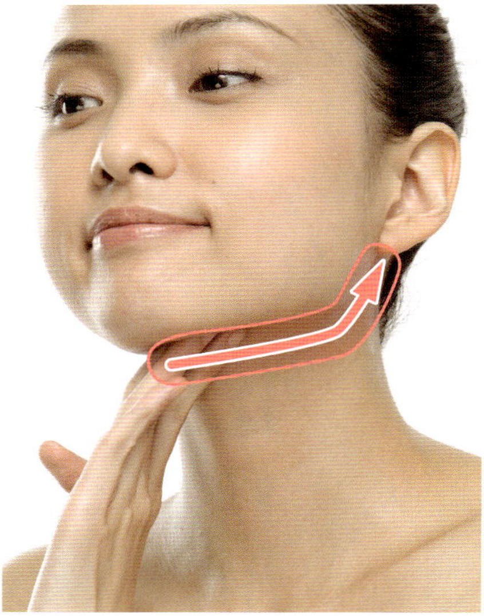

1 平手であご下に沿って押し流す

左手を平手の形にして中指と薬指をあごの中央の下にぐっと入れ込み、圧を加えたまま、あごの下の骨の際を押し流していきます。

2 強めの力で押し流す

フェイスラインに沿って、耳の下へ向かって老廃物を押し流すよう、強めの力で圧を加えたままぐーっと押し流していきます。

3 耳下腺まで押し流す

耳下の耳下腺まで押し流します。第1章で耳下腺を開いているので指が入りやすいはず。1～3を右側も同様に。

あごから頬骨の下の際にこびりついた老廃物を耳下腺へと流し切ります。頬のたるみや、しもぶくれ顔のさらなる改善効果が期待できます。

Advance 5
あご~口角~耳下腺を流し切る

1 あごから耳の付け根に押し流す

左手を平手にして、中指と薬指をあごの中央に押し当て、強めに圧を加えて頬骨の下の際を押し流していきます。

2 口角の際を通って押し流す

中指と薬指の指の腹に強めに圧を加えたまま、老廃物を削ぎ取るように口角の横へ向かって押し流していきます。

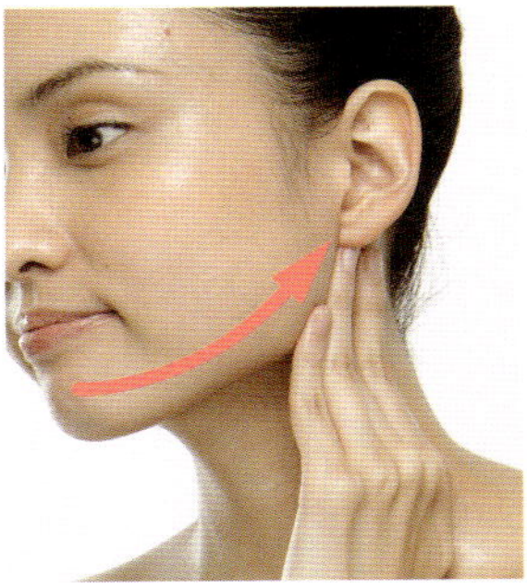

3 耳下腺へ流し込む

口角の横を通って、耳の下の耳下腺へ向かって圧を加えていきます。力が緩まないように。1～3を右側にも同様に行って。

Advance 6

鼻下〜ほうれい線〜耳のつけ根を流し切る

鼻下から小鼻の脇は特に流しもれた老廃物がたまりがち。耳のつけ根まできっちり流し切れば、ほうれい線がさらに薄く目立たなくなっていきます。

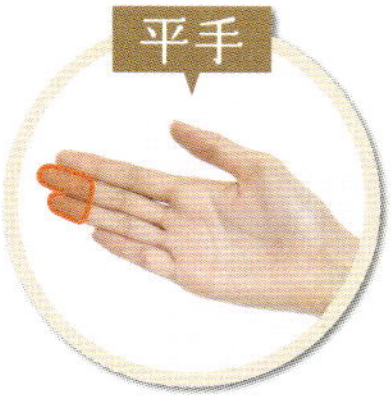

1 鼻下から小鼻の脇へ押し流す

左手を平手の形にして、鼻の下の中央に中指と薬指を当てて、強めに圧を加えながら小鼻の脇へ押し流し、一度強く押します。

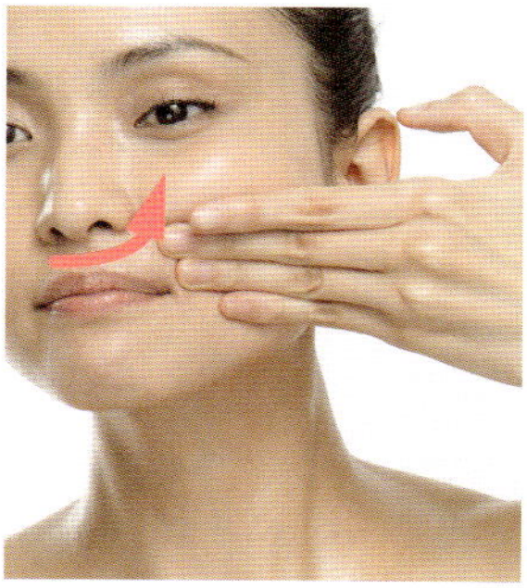

2 頬骨の際を押し流す

そのまま頬骨の下のラインに沿って、骨の際を押すようにして、強めに圧を加えながら、押し流していきます。

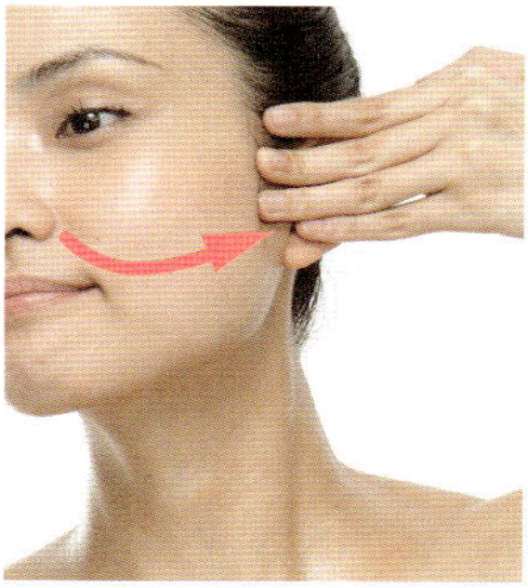

3 耳のつけ根まで押し流す

ほお骨の下のラインに沿って、耳のつけ根まで圧を加えたまま押し流します。ほぐれるまで行いましょう。1〜3を右側も同様に。

鼻のつけ根や小鼻の脇にこびりついた老廃物を確実に流し切れることで、鼻に立体感が出て、鼻筋がスッと通り、顔にメリハリが生まれます。

Advance 7
鼻すじ～小鼻～頬骨の下を流し切る

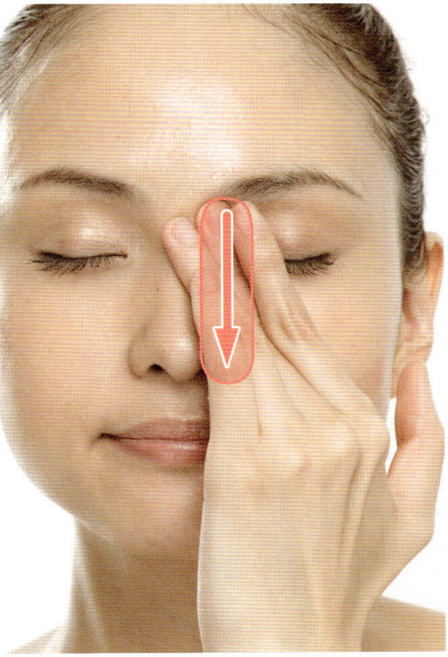

1
鼻のつけ根から下へと押し流す

左手を平手にして、中指を眉頭の下の鼻のつけ根のくぼみに押し込むようにします。強めに圧を加えたまま、鼻の骨の際に沿って下へと流して行きます。

2
小鼻まで流し、ぐっと押す

鼻の骨の際に沿って強めに圧を加えたまま押し流して行き、小鼻の横までたどり着いたら、中指の腹でぐっと強めに体の奥へと垂直に押します。

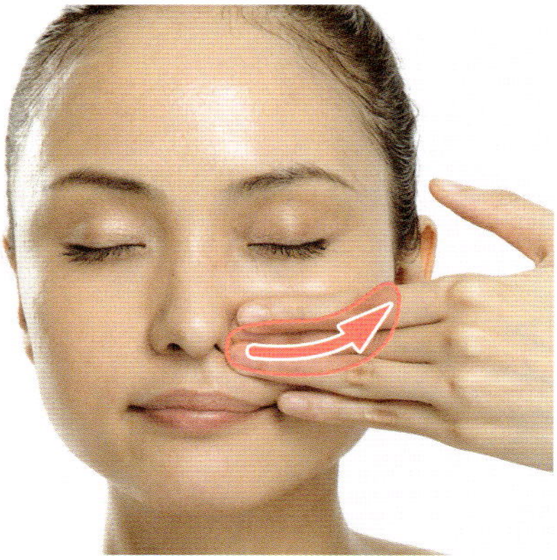

3

平手のまま頬骨下を流す

平手のまま、中指を中心に指の腹を小鼻の横に押し当て、圧を加えながら頬骨の下のラインを、耳のつけ根に向かって流していきます。

4

頬骨の際を押し上げて流す

頬骨の下の際を押し上げるようにして、強めの力を加えながら、老廃物の流しもれがないように押し流していきましょう。

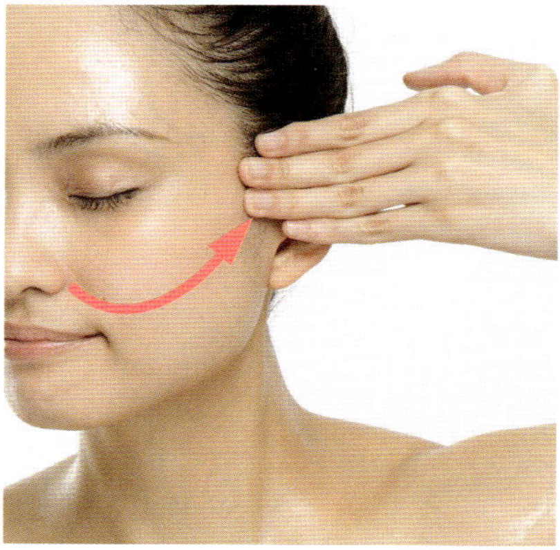

5

耳のつけ根まで押し流す

力を緩めずに圧を加えながら、耳のつけ根までしっかりと押し流します。1～5をほぐれるまで行います。右側も同様に行いましょう。

Advance 8

目の下～こめかみ～生え際を流し切る

目の下のクマやたるみが気になるなら、この部分の老廃物が流し切れていない証拠。目のすぐ下の皮膚が薄い部分は刺激しないよう気をつけて。

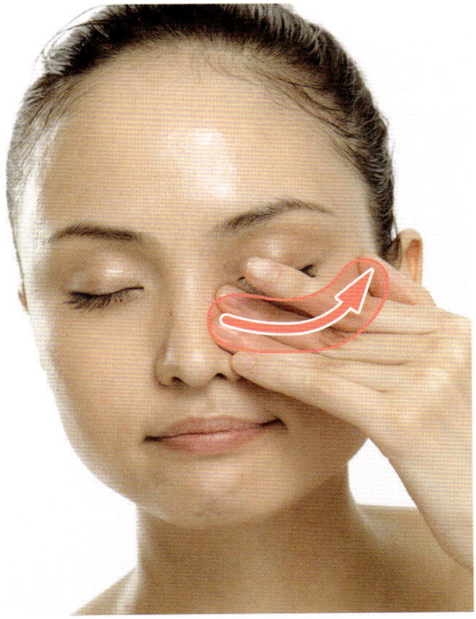

1 鼻の横の頬骨の際に指を当てる

左手を平手にして、中指と薬指を鼻筋の横の頬骨の上に押し当てます。そのまま強めに圧を加えて、頬骨上を流していきます。

2 頬骨の上を押し流す

頬骨のいちばん高い部分に沿って、強めに押し流します。目の下の骨がない部分は押さず、頬骨の上を押し流すこと。

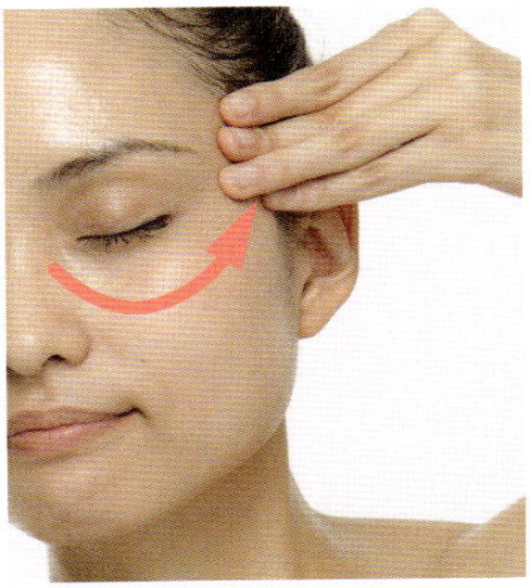

3 生え際まで押し流す

頬骨の上からこめかみへ向かって、最後まで力を緩めずに押し流します。1～3をほぐれるまで行います。右側も同様に。

眉がアーチ型に盛り上がっていたら、目の上に老廃物の流しもれがある可能性大。眉上を押し流し切れば、まっすぐなラインの美眉になります。

Advance 9

眉頭～生え際を流し切る

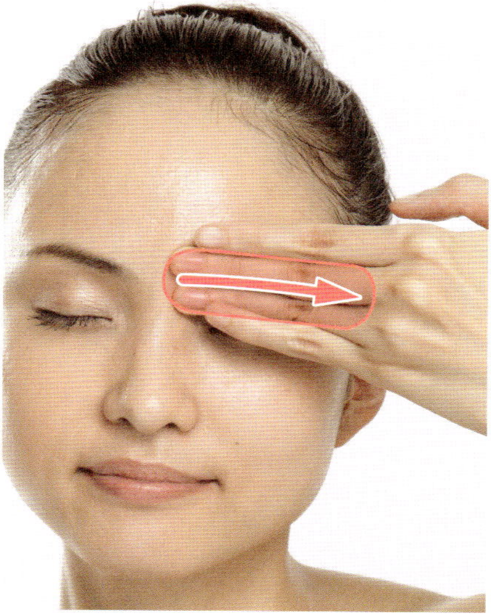

1 眉頭から外へと流す

左手を平手にして、中指と薬指を眉頭に押し当て、そのまま眉の上を内側から外側へ向かって、圧を加えながら押し流していきます。

2 眉の上を強めに流す

眉上を、力を緩めずに押し流していきましょう。老廃物がたまっている部分はゴリゴリとしこりになっているから強めに流して。

3 こめかみまで押し流す

眉尻まで押し流したら、さらにこめかみまで押し流します。1～3をほぐれるまで行いましょう。右側も同様に行って。

額や髪の生え際、こめかみも老廃物の流しもれが生じやすいパーツ。こびりついた老廃物を削ぎ取るように流し、美しいおでこのラインをつくって。

Advance 10

額 を流し切る

1 グーで眉間から生え際へ流す

左手をグーの手にして、親指以外の指の第2関節を額の中央の眉間のあたりに押し当て、生え際に向かって強めに圧を加えて押し流します。

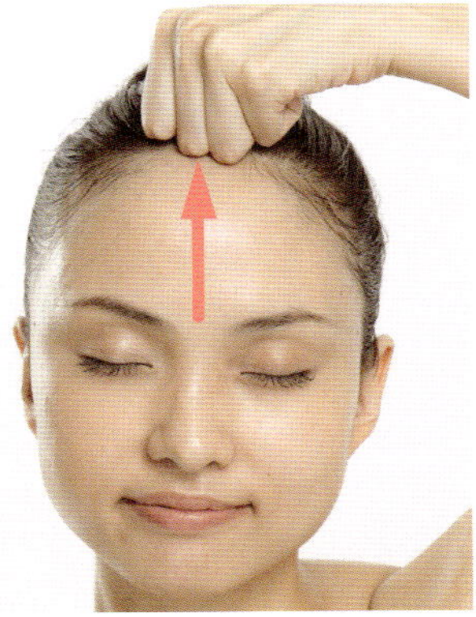

2 生え際まで押し流す

眉間から生え際まで、力を緩めずにきっちりと押し流していきます。皮膚にまだ段差が残っている人は、特にしっかり押し流して、フラットに整えましょう。

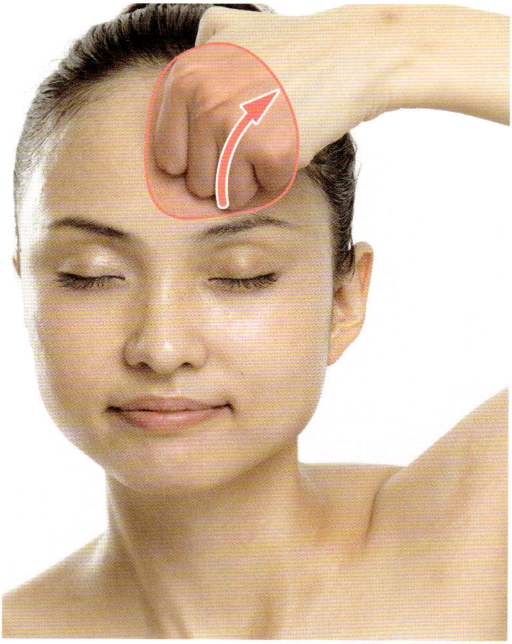

3
位置をずらし押し流す

次に、少し位置をずらしながら、額の中央から斜めに弧を描くように、生え際に向かってまんべんなく押し流していきます。

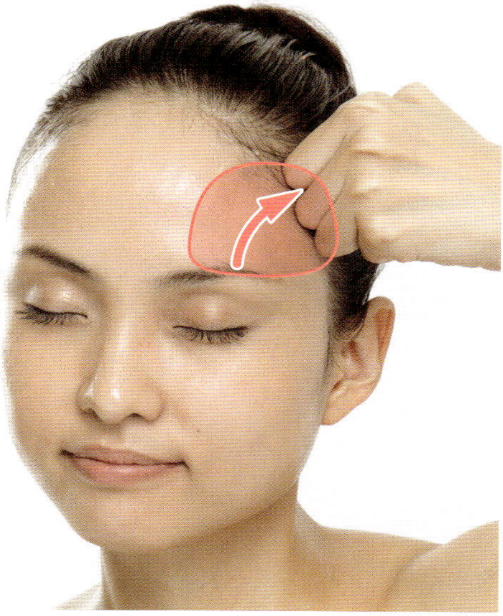

4
額の左半分をまんべんなく

力を緩めずに強めに圧を加えて、生え際まで押し流していきます。額の中央から左半分全体を、位置を変えながら、ほぐれるまで流しましょう。

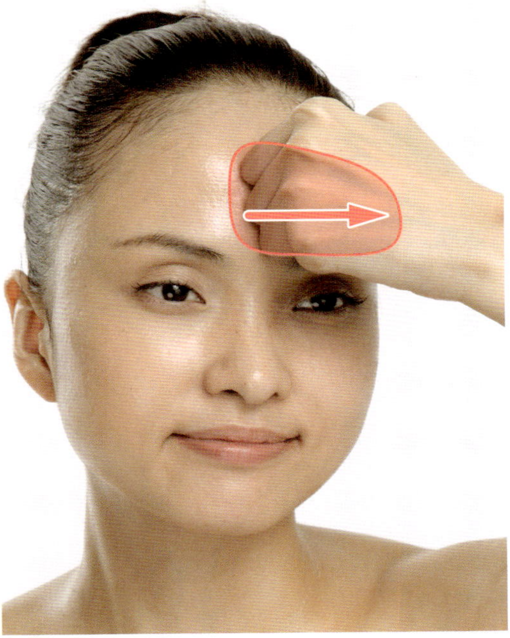

5

グーの手を横にして流す

次は、グーの手を横にして、親指以外の指の第２関節を額の中央に当て、生え際へ向かって強めに圧を加えたまま横方向へ押し流していきます。

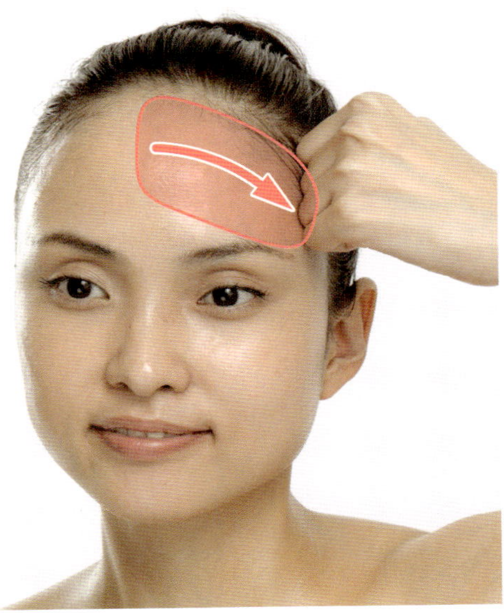

6

位置を変えながら中央から端へ流す

眉間のあたりから上部の生え際まで、位置を変えながら、額の左半分を、中央から端に向かって押し流します。ほぐれたら、1〜6を額の右側も同様に。

Special Lesson 3

外出先で1分！
即効マッサージ

メイクの上からギュッ！簡易メソッドでスッキリ

朝はスッキリしていた顔も、疲れがたまってくる夕方ごろにはむくみがち。外出先やオフィスでメイク直しを行う際に、簡易メソッドで即席小顔をつくりましょう。1分程度行うだけでも効果があります。つぼ手や平手で押して流すだけなので、メイクの上からも行えます。

1
目頭を押す

額から落ちてきた老廃物がたまり、ぼんやりと重くなってしまった目のむくみを取る簡易メソッド。手をつぼ手にし、目頭と眉の間の鼻筋をイタ気持ちいい強さで垂直に押し込みます。疲れ目にも効果あり。左右どちらも行います。

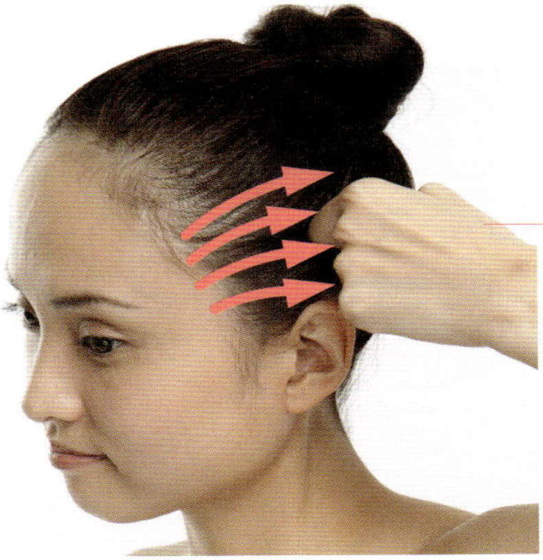

2 側頭部を流す

頬のたるみやほうれい線、目まわりをスッキリさせる簡易メソッド。手をつぼ手にし、側頭部を後ろに向かって上から順番に押し流していきます。グリグリと音がするくらいの強さで。左右どちらも行います。

3 耳下腺を押す

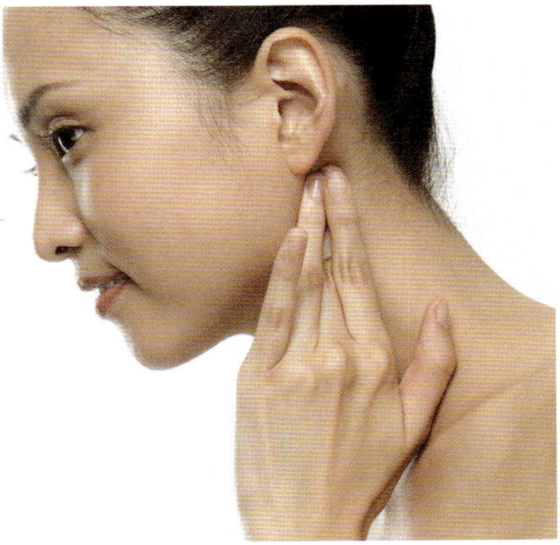

むくみでぼやけたあごのラインをはっきりさせる簡易メソッド。平手の中指と薬指を耳の下に当て、垂直に中に押し込みます。ぐーっと３秒押したら、ぱっと離す、を数回繰り返しましょう。左右どちらも行って。

ファンデーション“お直し”のポイント

ファンデーションをお直しする際、肌表面をこするとたるみや肌荒れの原因に…。スポンジにファンデーションをつけたら、肌に垂直に押すように、細かくトントントンと押さえるように伸ばしていきましょう。マッサージ同様、ファンデーションを顔の中心から外側に向かって伸ばしていくのがポイントです。

おわりに

ダナリーフェイシャル、マスターしていただけましたでしょうか。毎日コツコツと続けて、小顔を手に入れた方も多いのでは？私自身がこのメソッドによってコンプレックスを克服したように、みなさんにも、〝がんばれば変われる〟ということを、ぜひ実感してほしいと思っています。

私は、エステティシャンを目指して学校に通っていたときから、「27歳で独立して必ず自分のサロンを持つ」という目標を持っていました。メソッドを確立するまでは、試行錯誤の連続でしたが、現在は、夢がかない、多くのお客様にサロンに来ていただいています。自分への自信を失っていた女性が、めきめきと美しくなっていくことで自信を取り戻し、輝いていく姿を見ることは、私の喜びであり、生き甲斐です。今後は、このメソッドをできるだけ多くの人に伝え、高い技術を持ったエステティシャンを育てていきたいとも思っています。

この本を手に取っていただいたみなさん、ありがとうございました。ダナリーフェイシャルを実践してくださったすべての方に、美しい小顔がもたらされることを祈っています。

２０１２年３月　神田花絵

絶対小顔になる
ダナリーフェイシャル

2012年3月27日　第1刷発行

著者　神田花絵

発行人　河上清
編集人　澤田優子
企画編集　加藤貴士

発行所　株式会社　学研パブリッシング
〒141-8412　東京都品川区西五反田2-11-8
発売元　株式会社　学研マーケティング
〒141-8415　東京都品川区西五反田2-11-8
印刷所　共同印刷株式会社
DTP制作　株式会社アド・クレール

〈書籍制作〉
デザイン　柳田美樹、柳沼万里子（Zapp!）
イラスト　藤田美穂
撮影　深谷義宣（aura）
モデル　徳弘典子（サトルジャパン）
ヘアメイク　斉藤節子（メーキャップルーム）
スタイリング　額田美紀
取材　和田美穂
編集　斉藤彰子、平山陽介（K-Writers Club）

〈DVD制作〉
製作　株式会社アトリー
プロデューサー　一木伸夫
演出・編集　福田亮（プラスワン）
撮影　白石晋也

この本に関するお問い合わせ先
【電話の場合】
・編集内容については
Tel 03-6431-1539（編集部直通）
・在庫、不良品（落丁、乱丁）については
Tel 03-6431-1201（販売部直通）
・DVD操作方法と不具合については
Tel 03-3500-5113（株式会社トランス・デュース、平日9時～17時）
【文書の場合】
〒141-8418　東京都品川区西五反田2-11-8
学研お客様センター「絶対小顔になるダナリーフェイシャル」係

この本以外の学研商品に関するお問い合わせは下記まで
Tel 03-6431-1002（学研お客様センター）

神田花絵

Hanae Kanda

美容サロン「ダナリーボーテ」主宰。エステティシャン、美容研究家。大手エステサロンに勤務後、美容インストラクターを経て27歳で独立、隠れ家的エステサロン「ダナリーボーテ」を立ち上げる。特に裏メニューからスタートしたオリジナル小顔メソッド「ダナリーフェイシャル」が口コミで話題を呼び、予約3か月待ちの人気店に。その神技は、多くの著名人、芸能人をも虜にし続けている。

「ダナリーボーテ」
公式HP＊http://www.dhanary.com/